162

174

Von der Natur nicht vorgesehen ist ein sehr persönliches und, mit seinem Blick auf wichtige literarische und politische Themen unserer Zeit, ein exemplarisches Buch. Hilde Domin vereint hier Berichte über ihre Jugend, das Exil, die Rückkehr nach Deutschland, sie spricht über ihre Arbeit, über die oft sehr konkrete Wirkung ihrer Gedichte – »in schlanken, schlackenlosen Sätzen, luzid, beweglich, zuweilen etwas spitz, immer aber ihr Leben aus dem Gegenstand empfangend. Seiten makelloser poetischer Prosa« (Günter Blöcker).

Für Hilde Domin »mit ihrer federnden Präzision und dem maskenabreißenden Willen zum Lied für eine bessere Welt« (Robert Minder) sind Leben und Schreiben, Dichtung und Engagement immer eng miteinander verbunden.

Hilde Domin, 1909 in Köln geboren, studierte Jura, Philosophie und politische Wissenschaft, promovierte 1935 über Staatsgeschichte der Renaissance (Univ. Florenz). Danach Lehrerin in England, Universitätsdozentin in Santo Domingo. Mitarbeiterin ihres Mannes, Erwin Walter Palm, Übersetzerin, Photographin. Nach 22jährigem Exil kehrte sie nach Deutschland zurück und lebt seit 1961 in Heidelberg. 1951 schrieb sie die ersten Gedichte, veröffentlicht seit 1957 und wurde durch zahlreiche Literaturpreise geehrt. Ihre Gedichte wurden in 22 Sprachen übersetzt.

Lesungen, Vorträge, Diskussionen an Universitäten und in literarischen Gesellschaften des In- und Auslandes. Ehrengast der Villa Massimo 1986. Poetikdozentur der Universität Frankfurt am Main 1987/88 und der Universität Mainz 1988/89. Mitglied des PEN, der Deutschen Akademie für Sprache und Dichtung, Ehrenmitglied der Heinrich-Heine-Gesellschaft Düsseldorf, der American Association of Teachers of German, der Akademie gemeinnütziger Wissenschaften zu Erfurt. – Preise u. a. Ida-Dehmel-Literatur-Preis, 1968; Meersburger Droste-Preis, 1971; Rainer-Maria-Rilke-Preis für Lyrik, 1976; Nelly-Sachs-Preis der Stadt Dortmund, 1983; Carl-Zuckmayer-Medaille Mainz, 1992; Friedrich-Hölderlin-Preis der Stadt Bad Homburg vor der Höhe, 1992; Preis für Literatur im Exil der Stadt Heidelberg, 1992; Literaturpreis der Konrad-Adenauer-Stiftung, 1995; Jakob-Wassermann-Preis der Stadt Fürth, 1999; Staatspreis des Landes NRW, 1999; die Bürgermedaille der Stadt Heidelberg, 1999; Ehrenbürgerrecht der Stadt Heidelberg 2004.

Unsere Adresse im Internet: www.fischerverlage.de

Hilde Domin
Von der Natur
nicht vorgesehen
Autobiographisches

Fischer
Taschenbuch
Verlag

9.–10. Tausend: Dezember 2005

Veröffentlicht im Fischer Taschenbuch Verlag,
einem Unternehmen der S. Fischer Verlag GmbH,
Frankfurt am Main, November 1993

Lizenzausgabe mit freundlicher Genehmigung des
S. Fischer Verlags GmbH, Frankfurt am Main
© R. Piper & Co. Verlag, München 1974
Für die Neuausgabe:
© S. Fischer Verlag GmbH, Frankfurt am Main 1993
Alle Rechte liegen beim
S. Fischer Verlag GmbH, Frankfurt am Main
Gesamtherstellung: Clausen & Bosse, Leck
Printed in Germany
ISBN-13: 978-3-596-12203-5
ISBN-10: 3-596-12203-1

Für E.

»Ich sah die Vögel ausbrüten,
welche später die neuen Sangesweisen anstimmten...«
Heinrich Heine, *Geständnisse*, 1835/1854

Inhalt

Mein Vater. Wie ich ihn erinnere	9
Ich schreibe, weil ich schreibe	19
Was einem mit seinen Gedichten passieren kann	26
Unter Akrobaten und Vögeln	39
Über die Schwierigkeiten, eine berufstätige Frau zu sein	48
Erste Begegnung mit meinem Verleger	53
Bücher-»Grillen«	55
Die andalusische Katze	61
Meine Wohnungen – »Mis moradas«	71
»Und keine Kochbananen mehr«	128
Die Insel und der einohrige Kater	132
Rückwanderung	135
Hilde Domin interviewt Heinrich Heine 1972 in Heidelberg	136
R. A. Bauer interviewt Hilde Domin 1972 in Heidelberg	145
10 erprobte Mittel zur Verhinderung des Fortschritts und zur Förderung eines Unmenschen-Nachwuchses (plus ein Gegenmittel als Zugabe)	151
Postulat	153
Bei der Entgegennahme des Droste-Preises in Meersburg	154
Offener Brief an Nelly Sachs	156
Anhang:	
Exilerfahrungen	167
Nachweis	184

Mein Vater. Wie ich ihn erinnere

Mein Vater, wenn ich es mir überlege, war vermutlich ein höherer Beamter. Kein höchster, denn er war ohne Neigung und Talent zum Zeremoniell, wenn auch sehr korrekt. Er war auf sein Gewissen vereidigt. Und auf die Weimarer Republik, die er für den Idealstaat hielt. Er erzählte mir nie vom Kaiser, den er als junger Mann noch erlebt hatte, und immer von der Demokratie. Auch vom Krieg wurde bei uns nicht gesprochen, obwohl er im Krieg gewesen war und irgendwo in seinem Kleiderschrank ein Eisernes Kreuz lag.

In Wirklichkeit war er freiberuflich tätig, er war Anwalt. Ich hörte es sagen, daß er bei den Richtern sehr geschätzt war, wegen seiner genauen Schriftsätze, die die Übersicht über den Prozeß erleichterten, und auch weil er eben keine Sache übernahm, die er nicht für ›gut‹ hielt, also für vertretenswert. ›Faule Sachen‹ paßten nicht zu ihm.

Als ich schon in Oberprima war, nahm mein Vater einen Sozius. Ich erinnere mich noch, wie er nach Hause kam und empört berichtete, daß dieser junge Kollege seine Prozesse vertagen ließ, bis sie vor einen ihm genehmen Richter kamen. Meinem Vater wäre dergleichen nie eingefallen, er hatte sich nicht träumen lassen, daß Prozesse gemanagt werden. (Bei alledem stammte er aus einer angesehenen Juristenfamilie, und ein Vetter von ihm, mit dem er auch gemeinsam studiert hatte, war der Starverteidiger der zwanziger Jahre.)

Mein Vater war nicht der Vater meines Bruders, während meine Mutter in einem erstaunlichen Maße die gleiche Mutter gewesen zu sein scheint. Mein Bruder erinnert sich, ihr Lieblingskind gewesen zu sein. Auch ich weiß ganz sicher, daß ich ihr Lieblingskind war. Meine Mutter hat es ganz einfach fertiggebracht, zwei Lieblingskinder zu haben, obwohl ich das für mich behielt, ich wollte meinen Bruder nicht kränken. Er ist ein jüngerer Bruder, wir sind nur wir beide. Als ich ihn 1954 nach 23 oder auch 24 Jahren wiedersah – das Wort reicht kaum aus, man kann fast das ›wieder‹ streichen, nach so langer Zeit, er stand auf dem Bahnhof München, als ich ankam, aus Übersee. Davor hatten wir uns in Köln gesehen, in der elterlichen Wohnung, im Jahre 1931 – da entdeckte ich plötzlich, daß wir beide Lieblingskinder waren, aber zwei verschiedene Väter gehabt haben.

Es ist mir daher sehr bewußt, daß mein Vater durchaus nicht der Mann war, der er vielleicht war, sondern der Mann, den ich erinnere. Sicher ist, daß er ein Mann war, der viel zu früh mit uns auf den Bahnsteig kam, wenn wir verreisten. Und daß wir sehr schnell essen mußten, weil er so kurze Mittagspause hatte. Wir essen heute noch schneller als alle andern, mein Bruder ganz wie ich. Das Essen wurde aufgetragen, sowie er klingelte. Er kam zu Fuß nach Hause, vom Büro, er ging über den Hansaring, damals eine breite Straße, eine Avenida, mit Ahornbäumen. Links fuhr die Linie 16, in der meine Mutter mitgefahren war, monatelang, als ich begann auf dem Fahrrad zur Schule zu fahren. Sie überwachte die Expedition von der Straßenbahn aus und schätzte die Risiken ab. Man sieht daraus schon, was für eine Sorte Kindheit ich hatte. Sie scheint fast abenteuerlich, als Vorbereitung für ein Leben wie das meine. Ich durfte, was ich wollte, und man hielt mir, so gut es ging, die Hand unter oder auch über und beschützte mich. Mein Vater also kam zu Fuß daher, Mutter ging mit ihm und fungierte als Nomenklator. Denn aus der Gegenrichtung kamen die Richter am Oberlandesgericht vom Reichensperger Platz, in dessen Nähe wir wohnten, und Vater erkannte sie meist nicht oder zu spät. »Da kommt Oberlandesgerichtsrat Soundso, Du mußt ihn grüßen«, sagte meine Mutter. Ich habe das schlechte Personengedächtnis von ihm geerbt, deswegen erinnere ich mich so gut. Wir gingen also mit meinem Vater, oder auch ich allein, meine Schule lag am Anfang und dann später wieder in der Nähe des Büros. Mein Bruder war nie dabei, seine Schule lag in der Innenstadt. Auf dem Weg erzählte mir mein Vater von seinen Fällen, und wir diskutierten die jeweilige Rechtslage. Oder wir sprachen über Theaterstücke, die wir zusammen angesehen hatten. Oder über meine Schulaufsätze. Vermutlich hatte ich schon alle Probleme von 1–20 numeriert, über die ich ihn befragen wollte. Mein Vater war sicher zugleich geehrt und geängstigt, weil ich ein Vieles und Kompliziertes fragendes Kind war und alles von ihm wissen wollte. Ich habe ihn im Verdacht, sich auf die Gespräche mit mir durch besondere Lektüre vorbereitet zu haben. Sonntags ging mein Vater mit mir ins Museum, also ins Wallraf-Richartz-Museum oder auch in den Kunstverein. Er brachte mir bei, daß Wouwermans weiße Pferde malte und von wem die Reiterstatuen auf der Kölner Brücke sind. Ich war damals sehr neugierig auf Fakten, und er brachte mir viele Fakten bei. Damals behielt ich alle. Vor der Schule ging er mit mir schwimmen. Erst hatte ich eine Büchse auf dem Rücken, dann einen Korkgürtel um den Bauch. Damals ging man in kleine hölzerne weißgetünchte Badeanstalten auf dem Rhein. Unsere hieß Noldes, wie mir gerade einfällt. All dies war natürlich nach dem Krieg, in diesem Falle nach dem ersten. Vorher war er im Krieg gewesen und hatte uns herrliche bunte Postkarten aus Belgien geschickt, die wir in große Alben klebten. Ich erinnere mich noch an die Pappelalleen.

Irgendwann – ich war noch sehr klein – ängstigte ich mich, ob ich vielleicht ein adoptiertes Kind sei, und stellte mit großer Beruhigung fest, daß ich beiden Eltern ähnlich sehe. Das tue ich noch immer. Dabei sahen sie völlig verschieden aus. Als mein Vater gestorben war, sah ich mich an und sah meinen Vater. Als Mutter gestorben war, sah ich, im Spiegel, meine Mutter.

Ich hatte keine ›repressive‹ Kindheit, im Gegenteil. Mein Vater warf keinen dunklen Schatten.

Ich durfte lesen, soviel ich wollte. Ich bekam, nach einigen Kämpfen, die Tiere, die ich wollte. Ich hatte Kaninchen und eine Taube im Kinderzimmer, allerdings kurz, diese Tiere schafften sich selber ab, sie stanken zu sehr. (Nur herrenlose Hunde, mit denen ich mich anfreundete, durfte ich nicht mit heraufbringen, das war eines der Verbote, erinnere ich mich.) Aber ich durfte in der Eifel Kühe melken und Ziegen hüten. Mein Vater zwang mich zu nichts. Ich mußte nicht mit ihm spazieren gehen, ich durfte es. Ich durfte schwimmen gehen, ich durfte mit ihm ins Gericht. Ich durfte mit ihm ins Theater. Ich durfte wegfahren nach Heidelberg, zum Studium, und ich durfte studieren, was ich wollte. Jura, wie mein Vater, natürlich. Und dann durfte ich die Jura aufgeben und Volkswirtschaft und Soziologie studieren, Wissenschaften, die die Welt ›verändern‹. Ich durfte eine Arbeitsgemeinschaft mit Studenten und Arbeitern im Wohnzimmer meiner Eltern abhalten, sie verstanden das nicht, aber sie gingen aus, um mir die Wohnung zu lassen, weil ich einen Unfall gehabt hatte und selber nicht ausgehen konnte. Und ich durfte mit meinem Mann an die Universität Rom gehen (auswandern), als wir uns noch vor der Institution der Ehe ängstigten, und brauchte nicht zu lügen. Ich durfte immer, ohne Angst, die Wahrheit sagen.

(Eine fatale Sache, ich habe das Lügen, trotz aller Bemühung, nie richtig gelernt. Das ist die Schuld meiner Eltern, und sicher ganz besonders die meines Vaters. Wäre er anders gewesen, hätte zumindest meine Mutter mir das Lügen beigebracht. Sie hätte das Zeug dazu gehabt. Aber es ergab sich nicht, ganz einfach.)

Ich erinnere mich, daß ich irgendwann – ganz wie es bei Freud im Buche steht – zu meiner Mutter sagte, ich könne nie heiraten, da mein Vater bereits mit ihr verheiratet sei. Das war wohl zu der Zeit, als Vater einen unschuldig Angeklagten bis an die Grenze des beruflichen Ruins verteidigte, eine Sache, an der ich leidenschaftlich Anteil nahm. (Mein Vater war an sich Zivilanwalt, selten übernahm er Strafsachen.)

Ich entschied mich dann für einen Mann, der in fast allem das Gegenteil meines Vaters war. Ich erinnere mich noch, wie mir das plötzlich deutlich wurde. Aus Gründen, die ich vergessen habe, nahm ich als Studentin einen Hut mit nach Hause – den Hut eines Mitstudenten –, er hing während der ganzen Osterferien bei uns in der Diele. Es war ein runder flacher Hut, dunkelblau, ein Borsalino. Nichts, was zu meinem Vater paßte. Man konnte sich kaum einen Hut denken, der weniger zu ihm gepaßt hätte. Oder auch zu meinem Bruder. Das Unverwandte, nicht zur Familie Gehörige, par excellence. Der Hut war wie ein großer fremder Vogel, enorm exotisch. Mit einer Mischung von Unbehagen und Neugier sah ich täglich den Hut an, der nichts neben meines Vaters Hut verloren hatte.

Ich erinnere mich, wie mein Vater einen Zusammenstoß mit dem Staatsanwalt hatte bei der Verhandlung. (Damals gab es nichts dem *Spiegel* Ähnliches, aber selbst wenn es den *Spiegel* gegeben hätte, wäre mein Vater nicht der Mann gewesen, dies zu nutzen, obwohl die Prozeßführung dazu vielerlei Anlaß bot.) Aufgeregt verließ mein Vater den Saal und schlug die Türe hinter sich zu. Die wehende schwarze Robe macht einen solchen Auftritt noch dramatischer. Ehe das Gericht die Sitzung aufheben konnte, sprang ich auf, ich hatte in der vordersten Reihe gesessen, und stürzte meinem Vater nach auf den Gang. Es war ordnungswidrig, natürlich. Aber es war ja schon ungewöhnlich, daß ein Kind von zwölf ins Gericht statt in die Schule ging.

In der Robe meines Vaters beendete ich die Schule. Es war die Feier nach dem Abitur. Obwohl es die Robe des Verteidigers war, verlas ich eine Anklageschrift. (Ich hatte es ganz vergessen, kürzlich traf ich eine Schulfreundin, die mich daran erinnerte.) Die Anklageschrift war gereimt, es war die Paraphrase eines Tucholsky-Gedichts, und endete auf den alternierenden Refrain »ist keine Zeit da« und »dafür ist Zeit da«. Heute würde man es eine Lehrplankritik nennen. Es wurde viel gelacht, zuviel gelacht. Nach diesem Auftritt in meines Vaters Robe war von Zeugnisverweigerung die Rede. Ich war, ganz im Gegensatz zu meinem Vater, ein enfant terrible.

Meine Mutter hatte ein Temperament, das war des Bombenwerfens fähig. Sie war auch der Ungerechtigkeit fähig. Mein Vater nicht. Manchmal, selten, treffe ich noch einen Menschen, der so unelastisch und so aufrichtig und des Bösen – und noch der Hypothese des Bösen – so unfähig ist wie er. Es ist eine große Würde in den Menschen, die so rechtschaffen sind, daß das Opportune sich ihnen nicht einmal zur Debatte stellt. Und auch eine große – eine bewundernswerte – Hilflosigkeit.
    Ich spreche viel häufiger von meiner Mutter als von meinem Vater. Das war schon so, als beide noch lebten. Immer habe ich das als ungerecht empfunden.

Ich könnte jetzt analysieren, wie weit er typisch für seine Generation oder für seine besondere Lage war und warum die Menschen heute so anders reagieren. Aber warum sollte ich ihn zerlegen, hier und jetzt. Ich sehe ihn an, so wie ich ihn erinnere. Wichtig ist, daß er fast fünfzig war, als ich zehn war. Viele heirateten damals spät. Die Frauen waren weitaus jünger.

Mein Vater war das Selbstverständliche, solange das Leben für mich selbstverständlich war. Es gab eine feste Routine, die er bestimmte. Die er aber doch so leise und unauffällig bestimmte, daß man sich keine Rechenschaft gab. Vielleicht bestimmte auch meine Mutter diese Routine, man konnte es manchmal glauben, aber dann war es doch mein Vater, der sie möglich machte und guthieß. Er bewunderte meine Mutter und sagte es auch ganz offen. Es gehörte zu unserm Lebensstil, daß mein Vater hinter meiner Mutter stand und sie in allem unterstützte. Dadurch war sie uns ein wenig näher, wir waren ja auch ihr Beruf. Vielleicht habe ich daher meinen Vater, obwohl doch gerade ich in einem dauernden Gespräch mit ihm stand, nicht richtig zu Gesicht bekommen. Das wurde anders, als die Selbstverständlichkeit aufhörte. Als meine Eltern flüchteten und mein Vater die erste und einzige gesetzwidrige Handlung seines Lebens beging: An ihrem Silbernen Hochzeitstag machten meine Eltern einen Ausflug an die belgische Grenze, mit der Straßenbahn. Dann ein kleiner Spaziergang, und sie waren draußen. Das war kurz nachdem die jüdischen Rechtsanwälte auf Lastwagen in schimpflicher Weise durch Köln gefahren wurden, wovor mein Vater bewahrt geblieben war, man hatte ihn gewarnt. Und kurz nach dem Austreten Deutschlands aus dem Völkerbund, an den mein Vater glaubte. Auf jeden Fall aber war es zu einer Zeit, in der ich täglich Briefe schrieb: »Ich kann nicht schlafen, solange Ihr in Deutschland seid.«

Damals begann für meinen Vater das Leben ohne Beruf, in einem Mietzimmer mit meiner Mutter, ein tägliches Examen im Unnützsein, das er kaum vor sich selbst bestehen konnte. Zunächst wurde dies Leben für ihn dadurch erleichtert und erschwert, daß die rechtswidrige Handlung, die geheime Auswanderung, den Aspekt einer Tragödie, einer Widerlegung seines Lebens annahm. Längere Zeit war er am Rande des Selbstmords. In dieser Aufregung nahm er vermutlich den Übergang von dem einen Leben zum andern weniger wahr. Aber zu dieser Zeit lebte ich nicht mit meinen Eltern und nahm an den Schwierigkeiten nur brieflich teil.

Als ich meinen Vater 1939 in England wiedersah, war er genauso zuverlässig und korrekt wie immer. Aber er fühlte sich verloren, in einem dauernden Anklagezustand vor sich selbst. Davon merkte man aber kaum etwas, denn er war sehr still, sehr hilfsbereit und beklagte sich nicht, sondern bemühte sich, ein fehlerfreies Englisch zu lernen. Nie kam er darüber hinweg, daß Worte vielerlei Bedeutungen haben. Er ging, wie damals verlangt wurde (es gab eine Art Selbstverwaltung der Emigranten, die für ihre Anpassung mit deutscher Gründlichkeit sorgte), mit einem Regenschirm aus, auch bei gutem Wetter, er sprach nur englisch auf der Straße, wie es gleichfalls von den Emigranten erwartet wurde, und stets ging er zu Fuß bis zur nächsten Teilstrecke des Autobusses. Statt zu telephonieren, schrieb er seinen Bekannten Postkarten, eine Postkarte kostete weniger als ein Anruf, und er war ohne jeden Verdienst. Trotzdem hatte er sofort ein großes und helles Zimmer für uns gemietet, als wir aus Italien fortmußten, und gab uns täglich das Geld, damit wir ins Museum fahren und dann in ein Lyon's essen gehen konnten. Meine Eltern schickten uns zu unserem Trost, und damit wir uns eingewöhnten, italienische Bilder ansehen, wozu sich die National Gallery ja sehr eignet, während sie selber, wir alle, äußerst eingeschränkt lebten.

Wie er unsere zweite – unfreiwillige – Auswanderung bezahlt hatte, denn wir waren mittellos, so bezahlte er (da war er fast siebzig) auch die dritte und teilte dabei wortwörtlich sein letztes Geld mit uns, wenig wie es schon war, damit wir nicht pfenniglos an Land gehen müßten. Die Verarmung war einer der Aspekte der »permanenten Emigration«, der kontinenteweiten Flucht vor Hitler.

All dies paßte in das Bild, das ich von meinem Vater hatte, und wunderte mich eigentlich kaum. Mich hätte gewundert, wenn er es nicht getan hätte. Dabei ist es nicht ganz richtig zu sagen: »Mein Vater tat es.« Ebenso könnte ich sagen: »Meine Mutter tat es.« Sie waren untrennbar. Bei ihrem Temperament und ihrer Phantasie, ihrer militanten Opferbereitschaft, war sie es, von der die Impulse kamen. Was mich wunderte und aufregte – und es ist auf Jahre hinaus die erregendste Erinnerung an meinen Vater geblieben –: Am Tag des Kriegsausbruchs, oder am Tag nach dem Kriegsausbruch (wir waren in einem kleinen Ort am Bristol Channel, hatten, sie und wir, jeder ein Zimmer in einem kleinsten Boardinghouse), war ich zufällig einen Augenblick allein mit meinem Vater. Es war im

Zimmer der Eltern. Plötzlich umarmte er mich, schluchzend zog er mich an sich, und wir lagen auf seinem Bett: Ich fühlte seinen Körper, wie er bebte vor Weinen. Nie zuvor hatte mein Vater mich überhaupt umarmt. Und nie zuvor – so schien es mir und so scheint es mir noch – hatte ich ihn weinen sehen. Er weinte meinetwegen. Weil er mich nicht beschützen konnte.

»Ich kenne ihn gar nicht«, dachte ich, als ich in seinen Armen lag. »Er ist jemand ganz anderes.« Einen Augenblick lang regte es mich mehr auf als der Krieg, oder doch mindestens so sehr. (Erst jetzt, während ich dies schreibe, fällt mir auf, daß es derselbe Mann war, der mit solcher Heftigkeit protestiert hatte, als er glaubte, einem Rechtsbruch beizuwohnen.)

Ein Jahr später war er schon tot. Am Tag unserer Abfahrt nach Südamerika war er verhaftet worden, als Deutscher. Als die Angst vor der ›5. Kolonne‹ stieg, war der Ausweis ›Refugee from Nazi oppression‹ auf einmal wertlos. Er kam in ein Lager, mußte im Freien auf Bänken schlafen, ein sehr alter Mann. Immerhin, es war Sommer. Er wurde freigelassen, als sein Visum kam, er hatte auf einer Warteliste gestanden und durfte mit meiner Mutter nach New York fahren. Ich habe ihn nie wieder gesehen. Eines Tages kam ein Bekannter zu mir und sagte mit unbehaglicher Stimme: »Haben Sie von Ihrem Vater gehört?« Ich hatte gerade einen Brief von ihm auf dem Tisch, die Briefe gingen eine Woche. Er war schon tot. In dem Brief standen bibliographische Angaben, die er für die Arbeit meines Mannes in der New York Public Library herausgeschrieben hatte. Wie ich später erzählt bekam, soll er sich bemüht haben, mit der Krankenschwester bis zur letzten Minute ein fehlerfreies Englisch zu sprechen. Dabei war er, bei aller Intelligenz, ganz unbegabt für Sprachen.

Er hat kein Grab. Darüber kann ich nicht sprechen.

Es ist sicher leichter, an einen Vater zu denken, der verfolgt und dessen Leben zerstört wurde, als an einen, der Verfolger war. Oder der zusah, oder auch wegsah, als andere verfolgt wurden. Der Verfolgte hat, bei allem Leid, dies eine voraus: er ist dispensiert vom Dilemma der Verantwortung. *Seine* Wehrlosigkeit ist eine totale.

Ich schreibe, weil ich schreibe
Warum einer tut, was er tut

Warum ich schreibe?

Das war nicht vorgesehen. Es hätte nie passieren brauchen. Man lebt nicht alle Leben, die man leben könnte. Es passierte. Nichts läßt sich je rückgängig machen. Es ist mein zweites Leben, alle lächeln, wenn sie es hören, als sei es eine Metapher. Wenn sie meine Photos sehen, werden sie sofort ernst. Weil ich zwei Menschen bin. Der vorher, und der seitdem.

Ich hatte mir nichts vorgenommen, es passierte, wie wenn einer überfahren wird. Oder wie Liebe. Man handelt nicht, es passiert.

»Ich habe ein Gedicht geschrieben«, sagte ich zu ihm. Morgens vielleicht. Vermutlich morgens. »Du schreibst keine Gedichte«, sagte er mißbilligend. »Bis gestern«, sagte ich vorsichtig. »Wie wenn die Katze plötzlich zu reden begänne«, sagte er. »So leicht ist das also«, sagte er empört, als er nach vielem Sträuben es sich angesehen hatte. »Wieso?« sagte ich. »Was ist leicht?« »Gedichte schreiben«, sagte er. »Du hast es nie getan. Es ist ein Gedicht.« Damit knallte er die Tür hinter sich zu. Als ich die Türe knallen hörte, wußte ich, daß es ein Gedicht war.

Ich hatte das Gedicht abgetippt, sofort nach dem Aufstehen. Noch am gleichen Tag übersetzte ich es ins Spanische. Nur so. Ohne andere Absicht, als um es auszuprobieren, um zu sehen, ob der Text standhielte. Wie man ein Gewebe prüft, wie es von der andern Seite ist. Es war plötzlich da, ich wollte sehen, was mit ihm los war. Mein Handwerk war ja das Übersetzen von anderer Leute Texten in (und aus) vielerlei Sprachen. Dabei war das Gedicht fast eine Nebensache. Ich war nicht stolz darauf, ich nahm es zur Kenntnis. Das Gedicht trennte sich gar nicht von mir, damals. Ich weiß nicht, ob ich es richtig zu Gesicht bekam. (Normalerweise trennen sich Gedichte, machen sich selbständig, immer schneller. »Worte drehen nicht den Kopf / sie stehen auf / sofort / und gehn«[1], wie ich diesen erstaunlichen Prozeß, die Objektivierung, gerade beschrieben habe.) Ich schrieb weiter Gedichte. Ich war ein Sterbender, der gegen das Sterben anschrieb. Solange ich schrieb, lebte ich. Das Handwerk hatte ich längst. Ich hatte es nicht gebraucht. Nun brauchte ich es.

Es ist eine Selbstverdoppelung. Das Innen wird Außen und umgekehrt. Ein Objektivierungsprozeß, der Glücksfall schöpferischer Arbeit (wie sie sogar Marx definiert). Das unerhörte Fremdgefühl wird überwunden, ohne daß man stürbe oder sich umbrächte.

Lorca sagt, das Quecksilber soll hinter den Spiegeln zerreißen. Ich dachte das. Das Gedicht sollte die Wirklichkeit verändern, die unlebbar war. Sie veränderte sich. Darüber kann ich nicht reden und soll ich auch nicht reden. Ich soll hier über mich reden, das ist das Thema. Ich schreibe also, weil ich schreibe, seit ich zu schreiben angefangen habe. Jede andere Begründung ist eine nachträgliche. Es ist die Sprache. Seit ich diese Art Umgang mit ihr habe, seit sie mir zum Partner geworden ist, kann ich es nicht lassen. Es ist eine Leidenschaft, ihr diese ganz kleinen Schubse zu geben und den Anprall zu fühlen. Die Zeit hört völlig auf, wie beim Liebesakt. Es ist ein schizophrener Vorgang, zugleich aktiv und passiv. Eine Art Zauberkunst, ein Akt der Befreiung durch Sprache. Die Worte meinen ja Dinge. Die Dinge werden verändert oder anders geordnet je nach der Wortkombination. Sie ordnen sich neu. In einer ganz anderen Sphäre, in der man zugleich drinnen, aber mehr noch draußen ist, und eben deshalb frei von ihnen, die jetzt in den Worten und ansehbar, anhörbar, gelöst vom Ich sind.

1 *Ich will dich*, S. 7.

Mein erstes Gedicht, das war schon mein Leben. Das, was ich mein zweites Leben nenne. Es ist fast zwanzig Jahre her. So lang wie mein erstes also, Kindheit nicht mitgerechnet. Eine Auswahl meiner frühesten Gedichte, geschrieben 1951 / 1952, veröffentlichte ich ganz kürzlich. Es ist nur ein kleiner Zyklus. Heinz Mack entwarf zirka 50 Blätter dafür, von denen ich drei auswählen durfte. Und eines für den Umschlag. Das war 1968.[2] Sie waren noch ganz neu. Und vielleicht waren sie jünger, als ich jetzt bin. So jung, wie Mack heute ist. Es sind Liebes- und Bettgedichte, und also ›tun‹ sie etwas, was die Wirklichkeit der Liebe angeht. Ganz wie Lorca es verlangt. (Merkwürdig oft kommt es vor, daß Gedichte von mir in das Leben fremder Menschen eingreifen, rein durch Zufall erfährt man es bisweilen, daß sie etwas ›getan‹ haben für den oder den.)

Aber nicht deswegen schreibe ich, obwohl es mich freut. Auch daß der Jurist Fritz Bauer mein Gedicht WEN ES TRIFFT brauchen konnte, in seinen Vorträgen über den Befehlsnotstand, freute mich, als ich es, viel später, von ihm hörte. Dazu sind Gedichte da: daß sie benutzt werden können, für die Modellsituation. In diesem Fall, für die aktive Enthaltung von Unrecht. Dazu sind sie da. Aber man schreibt sie, weil man sie schreibt. Weil man sie schreiben muß. Nachher haben sie Folgen, das ist nur natürlich, insofern sie ja aus zwingenden Gründen entstanden sind und Modellcharakter haben, entkleidet sind vom Zufall der Einzelerfahrung, die sie ausgelöst hat.

Manchmal hatte ich selbst Gelegenheit, Gedichte von mir ›anzuwenden‹. Von einem solchen Fall will ich noch berichten.

Ich fuhr von Ulm, wo ich als Gast von Inge Aicher-Scholl gelesen hatte, zurück nach Seefeld, unserem Ferienaufenthalt. Es war schon sehr spät, außer mir war nur noch eine

---

2 *Höhlenbilder, Gedichte 1951 / 1952.* Hundertdruck mit Graphiken von Heinz Mack.

Person in dem Zweiterklassewagen. Ich glaube, ich las Fahnen. An der österreichischen Grenze kam der Zoll. Der übliche Ritus. »Haben Sie?« »Nein, ich habe nicht.« Eine Formsache heutzutage. Der Beamte ging weiter. Plötzlich war es keine Formsache. Die Frau hinten im Wagen mußte ihr Köfferchen öffnen und befingern lassen, wurde strengstens befragt. Ich war aufmerksam geworden bei dieser ungleichen Behandlung. Sie sah sehr armselig aus. Sind die Schlechtangezogenen besonders der Konterbande verdächtig? »Auch keine Geschenke?« hörte ich ihn fragen. »Wem sollte ich denn etwas mitbringen!« Das klang trostlos überzeugend, der Zollbeamte ließ von ihr ab. Ich stand auf und setzte mich auf die Holzbank ihr gegenüber. »Sie sind Flüchtling?« sagte ich. »Lassen Sie mich in Ruhe«, sagte sie. »Ich war auch Flüchtling, ich kenne das.« »Lassen Sie mich, ich mag nicht reden.« »Wir waren zu zweit, wissen Sie. Und sehr, sehr jung. Das war etwas besser. Aber wir mußten weiter fliehen, immer weiter. Wir flohen vor Hitler. Das war schlimmer. Sind Sie ganz allein?« »Ich habe niemanden.« Sie war zuhause Schneiderin gewesen, war als Milchmädchen untergekommen, fühlte sich sehr verloren. Eine Frau Ende Dreißig vielleicht, ein Gesicht, das man nicht wiedererkennen würde. Blaß und mürrisch vor lauter Verlorenheit.

»Ich will Ihnen etwas vorlesen«, sagte ich. »Ich habe es beschrieben, wie es ist. Ich bin, was man früher einen Dichter nannte.«

»Ich bin nur eine Schneiderin«, sagte sie, »und jetzt ein Milchmädchen. Ich lese keine Bücher.«

»Es ist ganz einfach«, sagte ich. »Und wenn Sie es hören wollen, dann lese ich es auch öfter. Sie verstehen es dann schon.«

Ich las es ihr dreimal vor. Sonst lese ich gewöhnlich zweimal. Gedichte natürlich, Prosa sonst nicht. Ich las ihr das erste Gedicht meines ersten Bandes.

Man muß weggehen können
und doch sein wie ein Baum:
als bliebe die Wurzel im Boden,
als zöge die Landschaft und wir stünden fest...[3]

Und dann las ich ihr ein Stück aus dem *Zweiten Paradies*. Und obwohl es Prosa war, las ich es dreimal hintereinander, denn sie wollte es mehrfach hören, ganz wie meine Zuhörer in Ulm ja auch. Das war, was ich ihr vorlas:

Sie selber erinnerte sich noch deutlich, mit welchem Mitgefühl sie in der Schule von den Vertriebenen und Verfolgten früherer Jahrhunderte gelernt hatte, unmenschliche Geschehen, aus den Tagen, wo es noch Krankheiten wie Pest und Lepra gab. Man war davon durch einen tiefen Graben getrennt, wie von den Raubtieren im Zoo... Sie wie die andern Kinder der Klasse. Sie waren in Sicherheit, kleine Mädchen mit Locken oder Zöpfen, und lernten alles das, was so weit zurücklag, daß es kaum wahr gewesen sein konnte. Sie dachten nicht, daß sie in Sicherheit waren. Sie waren in Sicherheit. Daß eines oder zwei von ihnen schon bestimmt waren, den Raubtieren vorgeworfen zu werden, daß schon ausgelost war, wer von ihnen um sein Leben rennen müsse und wer Zuschauer bleiben dürfe, und daß in Wahrheit von einem schützenden Graben keine Rede sein konnte, das wäre ein unnatürlicher Gedanke gewesen. Nicht einmal, als sie später, schon als Studentin, einen jungen Russen beim Anblick blühenden Flieders vor Heimweh weinen sah, hatte sie etwas anderes als Mitgefühl mit einem fremden, peripheren Geschick. Nichts, wovon man selbst bedroht sein könnte. »Merkwürdig«, hatte sie gedacht, »genau wie diese unglücklichen Verfolgten, die ich mir als Kind so zu Herzen nahm. Und jetzt sehe ich einen.« Sie erinnerte sich noch genau an die Schulbank, an ihren Platz, den zweiten rechts neben dem Fenster, das schwarz-

---

3 *Nur eine Rose als Stütze*, S. 9.

braune Holz des Pults, und was sie empfunden hatte, als sie zum ersten Mal im Leben von Verfolgungen gehört hatte. Menschen waren lebendig verbrannt worden, in Scheunen und anderen Gebäuden, wo man sie zusammengetrieben hatte. Einige flohen, alles zurücklassend, erfuhren viel später, irgendwo, durch Zufall, von dem Tod der Ihren. Sie machte schüchterne Versuche, den jungen Russen zu trösten, aber er schüttelte den Kopf und sprach von etwas anderem, und sie verstand, daß es keinen Trost für ihn geben konnte.

Sie hatte eine fast ehrfürchtige Scheu vor diesem unheilbaren Unglück. Seit er wegen des Flieders geweint hatte, war ihr immer zumute, als gehe sie neben einem Blinden, den man nicht am Arm zu fassen wagt, um ihn nicht an sein Blindsein zu erinnern. Und doch geht man nebenher, für den Fall, daß er eine Stütze braucht. Dabei rechnet doch keiner selbst mit dem Erblinden. Man kann es fürchten wie ein Äußerstes, allenfalls. Der nie Verstoßene fürchtet das Verstoßenwerden nicht. Der nie Verfolgte nicht die Verfolgung. Heute ist das vielleicht anders, heute ist eine große Brüderlichkeit unter den Menschen. Jeder weiß, daß es ihm widerfahren kann. Weiß es jeder? Es ist an so vielen Beispielen vorgeführt worden, dies Spiel vom Jedermann.

»Wenn man deinen Nachbarn rasiert, seife dein Kinn ein«, sagen die Spanier, die das Unglück Auge zu Auge kennen. »Etwas, was Ihnen geschehen ist und Ihnen wieder geschehen könnte«, sagen bei uns die Leute vielleicht noch immer und fühlen sich unantastbar. Wie sie selber sich unantastbar gefühlt hatte bis zu dem Tage, wo sie dazugehörte, zu der immer größer werdenden Bruderschaft der Verfolgten. Sind sie nicht – heute – die Mehrheit?[4]

»Da bin ich mit drin«, sagte die Frau. Das war nicht mehr dieselbe Frau, mürrisch vor Heimweh und Einsamkeit, ein totes Gesicht, ohne Alter, aber ohne Jugend. Sie strahlte. »Da

---

4 *Das zweite Paradies*, S. 100 ff.

bin ich mit drin!« Der Zug hielt. Sie sagte weiter nichts, vielleicht sagte sie nicht einmal ›danke‹, vielleicht nickte sie nur, strahlend vor Freude. Dann lief sie ins Dunkel in eine Richtung, ich in die andere.

Früher nannte man das den ›Trost der Kunst‹. Heute ist der ›Trost‹, fast so sehr wie das ›Schöne‹, in Verruf geraten, wir sind allergisch gegen die Verschönung der Realität. Diese Frau aber war keinesfalls ein Konsument schöner Literatur. Nicht der ästhetische Genuß hatte sie erheitert. Sondern, daß sie sich wiedererkannt hatte in dem Erfahrungsmuster, daß sie erlöst war aus ihrer Isolierung, eingefügt war in ein gesellschaftliches und politisches ›Muster‹. In anderen Worten, daß sie ihre Situation von außen sah und verstand. Das, was man Objektivierung nennt. War diese Frau jetzt eher fähig, ihre Situation zu ›verändern‹, als vorher, als sie dumpf an ihr litt? Wer ehrlich ist, weiß, daß sie weder vorher noch nachher ›ändern‹ konnte, was die Politiker seit Jahrzehnten verdorben haben. Ich sehe sie zur Wahlurne gehen als eine Frau, die die Situation verstanden hat, und intelligenter wählen als im dumpfen Schmerz des nur Leidenden, der auf jede Parole hereinfällt. Aber das ist nicht einmal die Hauptsache. Die Hauptsache ist, daß sie sich eingegliedert fühlen konnte in das große Muster, von dem wir alle nur Teil sind. Und das wir als Modell, vielleicht, durch rationale Anstrengung verbessern werden.

Das machte meine Lesung nachts in dem leeren Zweiterklasseabteil zu etwas Sinnvollem. Und deswegen hatte ich mehr Freude dabei als bei Leseabenden vor einem großen, literaturverständigen Publikum.

Nachträglich also bekommt, was man geschrieben hat, weil man es schreiben mußte, das heißt, um sich die eigenen Erfahrungen zu objektivieren und sie auf ihr Exemplarisches zu bringen, eine Art gesellschaftlicher Funktion. Schreiben ist ohne ›Zweck‹. Die ›Zwecke‹ wachsen dem Geschriebenen zu: auf seinem Weg vom Autor zum Leser.

Was einem mit seinen Gedichten passieren kann

I

Im Frühjahr 62 erhielt ich einen Brief aus Bochum, wo ich in der Volkshochschule gelesen hatte. Ein Lehrerehepaar teilte mir gemeinsam mit: »Wir bauen das Haus... ein kleines Haus / mit einer weißen Wand / für die Abendsonne«[1]. Und sie seien Emigranten aus Thüringen.

Vielfach wurde ja mein erstes Buch von Ostflüchtlingen gelesen, weil es doch vom Weggehen überhaupt handelt. Wer es nicht genauer wußte, dachte, ich sei einer von ihnen. Im übrigen ist es auch gleich, vor was der Autor fliehen mußte, solange nur die Erfahrung eine allgemeingültige ist. Das mit dem Haus aber ging ins Konkrete. »Die weiße Wand für die Abendsonne, das wird hier schwierig sein«, schrieb ich zurück. »Ich habe das in Spanien geschrieben.« Genau gesagt schrieb ich es in der ›Verdad‹, am Honigbach, 1957, wo die ›andalusische Katze‹[2] mit uns lebte. Diese Landschaft zwischen Fuengirola und Torremolinos, die unauffindbarer ist heute als Hölderlins Heidelberg. Ich erinnere diese Landschaft auch in einem der ›Träume‹[3]. Ich dachte an ein andalusisches Bauernhaus, etwas ganz Solides, mit dicken gekalkten Wänden, viel bäuerlicher als das Haus, in dem die ›Katze‹ bei uns lebte.

»Die vielen spitzen Hügel am Meer«, das ist meine Sehnsuchtslandschaft, jede Woche einmal will ich hinfahren an diese Küste, die untergewalzt wurde unter die Betonmassen eines Strand-Chicago. Erst neuerlich, aber nicht rücknehm-

---

1 *Nur eine Rose als Stütze*, S. 22
2 Vgl. unten S. 62.
3 *Das zweite Paradies*, S. 148 f..

bar. Auch die andalusischen Exildichter haben ein lebenslanges Heimweh nach dieser Landschaft gehabt. »Ein Wunder, wie es in jedem Leben nur selten passiert«, schrieb mir Luis Cernuda über seinen Aufenthalt dort.

»Doch«, antworteten mir die Thüringer in Bochum. »Wir bauen das Haus ganz genau.« Im Jahr darauf ließen sie mich einladen, von der dortigen Literarischen Gesellschaft, die damals eine der aktivsten war. Ich wurde auf dem Bahnhof abgeholt, wie übrigens meistens bei Lesungen. Sie warteten schon und hielten einen Blumenstrauß und mein Buch hoch, als Erkennungszeichen. Für mich, sie kannten mich ja. Ich hatte sie mir anders vorgestellt, denn man signiert ja viele Bücher, und ich hatte bei dem Namen an einen hageren konventionellen Lehrer gedacht, der auch dagewesen war. So waren sie nicht, sie waren jung und lebhaft und eher rundlich. Und sofort wurde ich zu meinem Haus gefahren.

> Laß uns landeinwärts gehn...
> und bau mir ein Haus.
>
> Ein kleines Haus
> mit einer weißen Wand
> für die Abendsonne...
> Ein Haus
> neben einem Apfelbaum
> oder einem Ölbaum,
> an dem der Wind
> vorbeigeht
> wie ein Jäger, dessen Jagd
> uns
> nicht gilt.

Ich hatte mich vor dieser Ankunft gegrault, vor meinem Ungeschick zur Lüge. Aber da steht es am Rande von Bochum: ein andalusisches Haus. Oder doch fast eines. Die Leute waren nie dort gewesen. Das Haus ist außen und innen geweißt wie es die Häuser in Andalusien sind, einfach und großzügig. Ein

Arbeitsraum. Flaches Dach, dicke Wände. Ich traute meinen Augen nicht. Als habe ich eine Bauvorschrift geschickt. Innen ist eine der Wände unter dem Fenster schieferfarben gestrichen und dient als Gästebuch. Neben der Kaffeetasse lag schon die Kreide. Jeder Gast, und bekannte Namen standen schon da, trug sich einfach ein, auf die Wand, unter dem Fenster.

Am nächsten Tag kaufte ich einen dicken Filzstift und suchte nach einem unauffälligen Platz. Oben, sagten sie, über den Querbalken solle der Spruch laufen. Ich dachte an die ›Urworte‹, die bei einem Bekannten auf den Balken der Eingangshalle stehen. »Nie«, sagte ich, »eher noch im Badezimmer. Privatest.« Aber dann fand ich, was ich suchte. Und ich schrieb kursiv, in meiner alltäglichen Schrift, im rechten Winkel zum Boden diese Art Schutzspruch: »Ein Haus, an dem der Wind vorbeigeht wie ein Jäger, dessen Jagd uns nicht gilt«. Bei ›gilt‹ war ich genau am Fußboden angekommen, ich hatte unter der Decke begonnen. Ich schrieb es auf einen gleichfalls weißgekalkten Balken, der zwischen den Ziegeln eine Zeile bildet, weiß in weiß. Als ich fertig war, sah ich, daß es der Tragbalken des Hauses war. Der Spruch ist da und doch nicht da, wie es sich für eine magische Formel gehört. Man erkennt ihn nur, wenn man den Kopf schief legt. Sonst ist es nichts als ein Mäander, irgendein Ornament. »Jeden Morgen, wenn ich aufstehe, stelle ich mich vor den Balken und halte den Kopf schräg«, schrieb mir die Lehrersfrau nach meiner Abreise. Aber das versteht nur, wer die Angst um das Bleibendürfen kennt.

II

Nicht weniger merkwürdig war der Zusammenstoß zwischen Gedicht und Wirklichkeit, den ich 1964, anläßlich einer Lesung im Cantatesaal in Frankfurt, erlebte: nur umgekehrt, die Wirklichkeit ging in diesem Fall dem Gedicht voraus, der

Autor erfuhr nachträglich, was sein Gedicht immer schon gewußt hatte.

Vor der Lesung also gab mir der S. Fischer Verlag den Brief einer alten Dame, Insassin eines jüdischen Altersheims, die bedauerte, daß ihre schwache Gesundheit sie am Kommen hindere. Sie habe nämlich diesen ›einen‹ Löffel gehabt, von dem ich in meinem Gedicht[4] schreibe:

> ... Du
> riechst nicht nach Bleiben.
>
> Ein Löffel ist besser als zwei.
> Häng ihn dir um den Hals,
> du darfst einen haben,
> denn mit der Hand
> schöpft sich das Heiße zu schwer.

Und sie habe ihn auch an einer Schnur um den Hals getragen, im KZ. Das war mir neu, obwohl es gut paßte. Denn zu diesen Zeilen war ich aus dem Entsetzen über die Friedhofsschändungen im Rheinland und in meiner Vaterstadt Köln gekommen, im Winter 60/61, die ersten Schändungen jüdischer Gräber seit der Nazizeit. Gerade hatten wir uns zur Rückkehr auf Dauer, nach Heidelberg, entschlossen. Ich war damals in Madrid in eine winzige möblierte Wohnung gezogen, der Schock machte mich physisch unfähig, den kleinsten fehlenden Gegenstand hinzuzukaufen.

> Gewöhn dich nicht.
> Du darfst dich nicht gewöhnen.
> Eine Rose ist eine Rose,
> Aber ein Heim
> ist kein Heim.

---

4 *Rückkehr der Schiffe*, S. 49.

Sag dem Schoßhund Gegenstand ab
der dich anwedelt

aus den Schaufenstern.
Er irrt. Du
riechst nicht nach Bleiben.

Der Löffel schien mir der Mindestbesitz des auf immer Verfolgten, ich hielt ihn für eine Angstmetapher, aber doch Metapher. Während sich plötzlich herausstellte, daß ich in meiner extremen Verstörtheit ganz automatisch ein konkretes Zubehör aus dem Vorrat der abscheulichen Realität herausgefischt und benannt hatte. Das Gedicht erfindet nicht, es benennt nur.

Wenn ich im übrigen daran denke, was für eine Aufregung diese Friedhofsschändungen 1960 und 1961 erregten. Ich erinnere mich, wie Günter Eich und Ilse Aichinger mir hierüber schrieben und wie wir diskutierten, ob die neuen Schriftsteller, und alle, die fühlten wie sie, aus Protest mit dem gelben Stern gehen sollten. Und das ist nur dreizehn Jahre her.

Wie dick die Haut, wie gut der Magen seither wieder geworden sind: Man frißt fast alles. Nicht nur bei uns.

III

Im gleichen Jahr las ich bei den Jungbuchhändlern in Düsseldorf. Nach der Lesung kam ein Mädchen und verlangte, ich solle ihr eine bestimmte Zeile in das Buch schreiben, das sie schon mitgebracht hatte.

Zwei, drei Wochen darauf erhielt ich den Brief eines jungen Buchhändlers aus Stuttgart: »Gudrun war bei der Jungbuchhändlertagung in Düsseldorf. Und da haben Sie ihr mit eigener Hand die Zeile in ihr Buch geschrieben, mit der ich sie gewonnen habe. Ganz wie ich es mir gewünscht hatte. Ihr Gedicht hat mir bei ihr geholfen«, so oder ähnlich schrieb er.

Ich erinnere mich, daß ich damals fast ärgerlich war, mir hatte das Gedicht nicht ›geholfen‹. Gedichte ›tun‹ ja manchmal etwas, warum nicht auch für den Autor. (Seither habe ich vergessen, welche Zeile so tüchtig war, und auch, was sie für mich hätte ›tun‹ sollen.)

Aber wie ich eben die Korrespondenz mit Eichs noch einmal durchsehe, wegen des ›Sterns‹, stoße ich auf den Brief des Buchhändlers, weil sein Name zufällig mit D begann. Und da finde ich auch die Zeile wieder. »Eigentlich waren es mehrere Zeilen aus ES KOMMEN KEINE NACH UNS«, schrieb er, und zitierte dies:

> Es ist gleichgültig
> was wir schreiben oder sagen
> außer für dich oder für mich...
> Wir sind ganz für den Tag gemacht,
> nur für diesen, den unsern...
> Nichts achtlos.
> Jedes Mal ist das letzte
> oder könnte es sein.[5]

»Nichts achtlos« habe ich dieser Gudrun damals offenbar in mein Buch geschrieben. Und ganz vage entsinne ich mich jetzt auch wieder der Umstände, unter denen das Gedicht entstanden war. Heute lese ich das Gedicht ganz anders. Zuletzt las ich es vor deutschen Zuhörern in der ›Internationalen Buchhandlung‹ in Mexiko, 1971. Gerade hatte ich, nach mehreren Wochen, einen Stoß deutscher Zeitungen nachgeschickt bekommen. So massiert, wirkten sie furchtbar auf mich: Das Hämische, die Verachtung des Andern, das ganze Möchtegern-Funktionärstum einer inhumaneren Zukunft. Vielleicht bin ich besonders anfällig dagegen. Wie ich las:

---

5 *Nur eine Rose als Stütze*, S. 76 ff.

Unsere Schatten fallen
ins Leere...
So wie wir dahingehn
sind wenige dahingegangen...

Da konnte ich nicht weiterlesen, erklärte den betroffenen Zuhörern, darunter der Deutsche Botschafter, die deutschen Zeitungen, die ich nach Wochen zum erstenmal wieder gesehen habe, seien schlechthin ›unmenschlich‹ gewesen, und las statt dessen ein Stück Prosa vor, vermutlich etwas über den ›einohrigen Kater‹.

Ja, ich erinnere mich, das Gedicht war ursprünglich einmal ein Liebesgedicht. Jetzt ist es akut politisch geworden. Denn Gedichte ändern sich, verwandeln sich laufend Wirklichkeit an. Deswegen bleiben Gedichte lebendig und können immer neu und immer anders gelesen werden, jahrzehntelang und manchmal sogar jahrhundertelang, je nach Zeit und Ort.

Im übrigen halte ich es ganz mit Jean Paul: »Der Dichter muß sich kalt genug gemacht haben, um andere warm zu machen.« »Wärme des Mundes«, sagte er, sei bedenklich: »so wie an Hunden eine warme Schnauze Unpäßlichkeit bedeutet«[6]. (Und im übrigen darf umgekehrt ein Clown ja auch nicht selber lachen.)

Der Autor ist immer auf der Kippe zwischen Nähe und Distanz. Das halte ich nicht für etwas Persönliches, sondern für eine Eigenschaft der Poesie, etwas Paradoxes, das sie von sich aus hat. Ich selber lese am liebsten aus dem Gedicht heraus, als wohne ich in ihm. Aber wie etwas ganz Alltägliches.

Ein einziges Mal ist mir etwas so Peinliches passiert wie in der Buchhandlung in Mexiko: Das war in Hamburg. Mir stockte die Stimme. Da standen die Zuhörer in den ersten Reihen auf und liefen auf mich zu, offenbar in der Absicht, mich zu trösten. Hinter mir war die Wand, ich hatte keine Ausweichmöglichkeit. Ich wäre vor den Tröstern davongelaufen.

---

6 *Vorschule der Ästhetik*, 3, II.

Der Autor soll nur seine Stimme den Gedichten geben, während er liest. Als Person soll er sich vergessen. Zumindest geht es mir so. Obwohl ich ja nicht weiß, ob es den Zuhörern so geht. Vielleicht doch. Im Anfang, als ich noch zwischen einem Gedicht und dem andern schüchtern fragte: »Soll ich aufhören?«, ich glaube, es war in Stuttgart, und ich erinnere mich noch an die sehr besondere Zuhörerschaft, da war einer, vielleicht war es Goes, so vernünftig mir zu sagen: »Lassen Sie das, Sie stören uns ja nur.« Da wurde mir ein für alle Male klar, daß es das Publikum nichts angeht, ob einer verlegen ist oder nicht. Und daß er, soweit er es fertigbringt, nur der Interpret der Gedichte zu sein hat, wobei er doch ganz gegenwärtig ist, und auch seine Zuhörer, während er liest, ihm einzeln gegenwärtig sind, gleichgültig wie viele vor ihm sitzen. Ich, zumindest, unterscheide genau und lese oft für den oder den, einen oder mehrere, Bekannte oder Unbekannte, die aus dem Publikum auftauchen als gingen Lichter an. (Der verstorbene Peter Szondi und der alte Eppelsheimer konnten einen Saal ausradieren durch die Intensität ihres Zuhörens. Szondi hatte geradezu etwas von einem großen Saugapparat, er zog den Sprechenden fast vom Podium, als solle man kopfüber von ihm verschlungen werden.)

Als Folge einer Lesung, auch das wird einem selbstverständlich, können Vertrauensverhältnisse entstehen, die ins Allerpersönlichste reichen. Gedichte sind einer der kürzesten Wege von Mensch zu Mensch, ersetzen jahrelange Bekanntschaft auf der Stelle. Der durchreisende Lyriker, der niemand am Orte kennt, ist fast so gut wie ein Beichtvater oder sonst ein professioneller Entgegennehmer intimer Probleme. Sein Beruf ist es ja, sich vor den eigenen Erfahrungen, also vor der Wirklichkeit, nicht zu drücken, sondern sie zu formulieren. Anders gesagt, sein Beruf ist die Wahrhaftigkeit, was ihn wiederum zu einem unbequemen Zeitgenossen macht, ganz von selbst. Und je nach der Zeit, in der er lebt. Also sicher heute.

Die hier berichteten, rein zufällig zu meiner Kenntnis

gebrachten Zusammenstöße des Gedichts mit der Wirklichkeit – einer Wirklichkeit, die im Text ja enthalten ist und eben nur ›herauskommt‹, auf Anruf, wie jeder es bei einem elektronischen Gerät komischerweise selbstverständlich findet, nur bei einem Gedicht nicht – standen fast immer mit Lesungen in Verbindung, dadurch wurde der Autor ohne weiteres Zeuge seines Gedichts.

Die Briefe hätten natürlich auch ohne vorherige Lesung geschrieben werden können, und sie werden es ja oft. Meine ersten Leserbriefe kamen, auch rein zufällig, aus meiner Vaterstadt, aus Köln. Der erste aufregende Empfang in einem fremden Hause, das war in Köln. Die ersten Studenten, die mir schrieben, schrieben mir vom Germanistischen Seminar in Köln. Und natürlich habe ich dann in Köln auch mehrfach gelesen und die Briefschreiber getroffen. Daß Leser, die einem schreiben, einem irgendwann auch begegnen, das ist normal. Zum Beispiel eine Schülerin, die für eine gescheite Textinterpretation eine dumme Note im Deutschunterricht bekommen hat. (In solchen Fällen mische ich mich sogar ein.)

Das Gedicht ist aber auf die persönliche Begegnung zu dritt, die den Autor einschließt, nicht angewiesen, es kommt ohne ihn aus. Der Hauptunterschied ist der, daß erzählbar wird, was man gewöhnlich nicht weiß.

IV

Fast das Merkwürdigste war der Sonntagmorgen in der Kirche in Harlem. Janheinz Jahn hatte uns hingebracht, elf PEN-Mitglieder. Da saßen wir, elf weiße Hühner, ziemlich weit vorne in der riesigen Gebetshalle. Rings um uns die sonntäglich geputzten Neger, wie es bei den Angelsachsen üblich ist: mit Handtaschen und Handschuhen und Strohhüten, auch die Kinder, wie in der amerikanischen Provinz oder auf alten Photos. Als garantiere der genaue bürgerliche Aufzug etwas mehr von den bürgerlichen Rechten. Ein *revival* Gottesdienst. Erst die Laienprediger, jeder, der sich berufen fühlt. Meist Frauen, mit hohen klagenden Stimmen. Sehr wort- und tränenreich. Dann kam der Pfarrer, auch im weltlichen Sinne der Herr der Kirche, die mit den nach seinen Predigten gesammelten Geldern gebaut worden war: domgroß und neugotisch, natürlich.

Wir waren bei ihm angemeldet, er wußte, daß wir Deutsche und Schriftsteller waren. Und er hatte die Gelegenheit benutzt, uns zum Demonstrationsobjekt zu machen, wie sich bald zeigte.

In bewegenden Worten, denn er war ein Redner von Rang, was ja schon das Ausmaß seiner Kirche zeigte, ermahnte er die Gemeinde zu einem ordentlichen, Gott und den Mitmenschen gefälligen Lebenswandel. Dann würde ihnen die Gleichberechtigung und die Rettung vor ihren Verächtern noch auf Erden zuteil. Ganz wie der Herr auch das jüdische Volk vor den deutschen Herrenmenschen gerettet und die Männer des Rassenhasses niedergeworfen habe, dem jüdischen Volke aber die ihm verheißene Heimstatt, ein neues Jerusalem gegeben habe, noch auf Erden, so werde er auch ihnen, den hier Anwesenden, das Versprechen halten, und ihnen ein freies und menschenwürdiges Dasein gewähren. In der Zeit, wie in der Ewigkeit. Wenn sie nur arbeiten und sich nicht betrinken und nicht Frau und Kinder prügeln würden. Wollt Ihr? (*Oh yes, we will, we will, Our Lord.* Sie versprachen es schluchzend.) Damit Gott Euch rettet und Ihr, wie die Juden, ein neues Zion bekommt.

Es war entsetzlich, wie alle an den konkreten Lohn der Tugend glaubten, zumindest die halbe Stunde oder die Stunde, die die Predigt dauerte. Als liege es nur an ihrem Wohlverhalten, daß alles alles anders würde. Vielleicht würden sie sogar weiß. (Es war 1966, also vor *Black is beautiful*.) Ich erinnerte mich, mit welcher Angst, welcher Hoffnung, Mulatten auf den Antillen ihre Neugeborenen mustern: Wie das Kind herausgekommen ist aus dem Mutterleib, *cómo salió*. War es einen Grad heller oder dunkler ausgefallen. Und wie würden die Haare sein, glatt oder kräuselig. (Die Mendelschen Gesetze, eine abscheuliche Lotterie für die Betroffenen.) Auch ich begann zu weinen, eine der PEN-Frauen weinte, während die Männer sich minütlich unbehaglicher fühlten. Dabei war der Prediger unsretwegen zurückhaltend gewesen und brachte die Gemeinde nicht bis zu den üblichen Visionen, Krämpfen und Ohnmachten, wie Jahn uns hinterher erklärte. Als nach der Predigt viele nach vorne gingen, um den Pfarrer zu sprechen, und sich eine Schlange bildete, da schrieb ich ein paar Zeilen auf, die mir eingefallen waren, aus dem Gedicht IRGENDWANN.

> Wie die Tränen gleich sind auf allen Gesichtern
> aller Hautfarben
> durch die Kontinente, die Jahrhunderte...[7]

Ich schrieb es auf einen Zettel, auf deutsch und auf englisch, und gab den Zettel einer Frau in der Reihe vor uns. Aber sie sagte, ich solle ihn doch selber hinbringen. Und ehe ich es überlegen konnte, wurde ich aus der Reihe auf den Gang geschoben und ging langsam mit den andern nach vorn. Für alle Anwesenden mag das erstaunlich gewesen sein, nur für mich war es sofort etwas Natürliches, weil ich ja zwölf Jahre auf den Antillen gelebt habe. Und was doch überhaupt kein Wunder war, war für ihn ein Zeichen besonderer Art. Das Unerwartete.

Alles hätte ich zerstört, wenn ich ihm gesagt hätte, daß ich selber nur ein Geretteter bin. Ich kam zu ihm als deutscher PEN-Autor, vielleicht ursprünglich ein Rassist, und brachte ihm diese Botschaft der Geschwisterlichkeit. Ein Zeichen.

Im übrigen war mir nicht nach Erklärungen zumute. Und was hätte ich sagen können, über diese Zeilen hinaus, die ja mitteilen, daß zoologische Unterscheidungen unmenschlich sind und Weinen menschlich. Darin war ich, wie er, mitge-

---

[7] *Hier*, S. 59.

meint. Ich kam ja auch, das lag in der Natur der Sache, im Namen von uns allen, die wir Gegenstand seiner Predigt gewesen waren, weil ich diese Zeilen hatte. Und weil solche Zeilen abgegeben werden müssen, wenn der Adressat so deutlich erscheint. Wenn sie ›gebraucht‹ werden, wie das in den Diskussionen heute heißt. Die PEN-Kollegen, die vor der Kirche auf mich warteten, waren wohl anderer Meinung, nervös, wie der ganze Vormittag sie gemacht hatte. Sie zeigten, daß sie mich für exzentrisch hielten. Mit einer Ausnahme. Ich sagte ja schon, daß wir zu zweit geweint hatten, die Frau, die neben mir saß, und ich. Wir weinten aus den umgekehrten Gründen wie um uns die Gläubigen: Wir weinten als Realisten.

Und während ich diesen Satz schreibe: »Wir weinten als Realisten«, da fällt mir plötzlich auf, zum erstenmal, daß Joy Weisenborn (der Name tut jetzt etwas zur Sache) die Frau eines ›Geretteten‹ war, eines Widerständlers, der Moabit von innen gesehen hatte, unter den Nazis. »Der die Lampe andreht, weiß / seine Hand wird kalt / wie die Klinke sein / eh der Nächste die Lampe ausdreht...« (Moabit, 1942.)

V

Irgendwann riefen mich nach einem Todesfall die Hinterbliebenen an und baten mich, nach der Rede des Pfarrers noch ein Gedicht zu lesen, der Tote habe meine Gedichte geliebt. Falls er noch höre, solle meine die letzte Stimme sein, für ihn. Ich hatte ihn flüchtig gekannt, ich war wenige Male in dem Haus gewesen. Ich erschrak bei der Bitte, aber ablehnen konnte ich sie nicht. Also saß ich in der Kirche neben der Familie, unter den meist Betroffenen. Und der Pfarrer, der verständigt war, wartete einen Augenblick, damit niemand aufstand und ich die Möglichkeit hatte, an den Sarg zu treten, ehe er versank (der Tote wurde verbrannt). In diesen Tagen hatte ich ein sehr kurzes Gedicht geschrieben, das sprach ich: RUF heißt es und steht in *Rückkehr der Schiffe* (1962). Also muß es im ersten Jahr nach meiner Rückkehr nach Heidelberg gewesen sein.

RUF

Mich ruft der Gärtner.

Unter der Erde seine Blumen
sind blau.

Tief unter der Erde
seine Blumen
sind blau.

Das Lesen vor einem Toten, oder zumindest vor seiner Frau und seinen Kindern, als letzte Stimme, die diese immer erinnern werden, wenn sie an die Beerdigung denken, das hat überhaupt keine Ähnlichkeit mit einer Lesung in einem Saal oder einem Eisenbahnabteil oder sonstwo. Ich kann nicht davon sprechen, und auch ein Pfarrer würde es nicht verstehen, denn er bekommt ja Routine, leider. – Am nächsten Tag schickte mir die Witwe das Trinkglas des Toten, mit Maiglöckchen darin. Es ist ein ganz zartes Glas aus dem 18. Jahrhundert. *Beaucoup vous connoitre / C'est beaucoup vous aimer* steht in etwas altertümlichem Französisch darauf. Ich benutze es manchmal für Blumen.

Unter Akrobaten und Vögeln
Fast ein Lebenslauf

Ich, H. D., bin erstaunlich jung. Ich kam erst 1951 auf die Welt. Weinend, wie jeder in diese Welt kommt. Es war nicht in Deutschland, obwohl Deutsch meine Muttersprache ist. Es wurde spanisch gesprochen, und der Garten vor dem Haus stand voller Kokospalmen. Genauer, es waren elf Palmen. Alles männliche Palmen und also ohne Früchte. Meine Eltern waren tot, als ich auf die Welt kam. Meine Mutter war wenige Wochen zuvor gestorben.

Aber natürlich war ich schon immer da gewesen. ›Immer‹, das reicht zurück bis kurz vor den sogenannten ersten Krieg. Natürlich waren meine Eltern damals am Leben, natürlich wurde deutsch gesprochen, das Kindermädchen, an das ich mich nicht erinnere, war bestimmt keine Mulattin, und vor dem Haus auf der Ringstraße wuchsen ganz alltägliche Bäume, ich glaube Ahorn. Vor dem Haus selbst stand und steht ein kleiner japanischer Mandelbaum. Die Ahornbäume sind abgeholzt. Trotzdem war die Straße, als ich ein Kind war, viel breiter als heute. Mindestens doppelt so breit.

Wie ich, Hilde Domin, die Augen öffnete, die verweinten, in jenem Hause am Rande der Welt, wo der Pfeffer wächst und der Zucker und die Mangobäume, aber die Rose nur schwer, und Äpfel, Weizen, Birken gar nicht, ich verwaist und vertrieben, da stand ich auf und ging heim, in das Wort. »Ich richtete mir ein Zimmer ein in der Luft / unter den Akrobaten und Vögeln.«[1] Von wo ich unvertreibbar bin. Das Wort aber war das deutsche Wort. Deswegen fuhr ich wieder zurück über das

---

1 *Nur eine Rose als Stütze*, S. 55.

Meer, dahin, wo das Wort lebt. Es war drei Jahre nach meiner
Geburt. Ich war 22 Jahre weg gewesen.

Ich überschlug einen Zug in der Stadt, wo der Mandelbaum
steht. Meine Eltern saßen auf dem Bahnsteig. Ich ging an
ihnen vorbei, wir sprachen nicht miteinander. Sie waren ja
auch nicht in Deutschland begraben. Wir nahmen ein Taxi,
mein Mann und ich.

> Am Haus meiner Kindheit blühte
> im Februar
> der Mandelbaum.
>
> Ich hatte geträumt,
> er werde blühen.[2]

Wenn ich an das Kind denke, das täglich die Gittertür bei dem
Mandelbaum öffnete, so sehe ich deutlich, daß ich etwas an-
fangen kann mit diesem Kind. In der Tat, ich war dies Kind.
(Rückblickend scheint ja immer alles darauf angelegt gewesen zu sein, und also meine Kindheit auf mich.)

Mein erster Schultag, zum Beispiel. Ich lief der Lehrerin
nach auf den Gang, erwischte sie gerade noch beim Rock, als
sie ins Lehrerzimmer entschwand, und sagte: »Fräulein, ich
habe von Ihnen geträumt.« Ich sehe ihr Gesicht nicht mehr,
das sicher verlegen war. Nur die hellgrau gestrichene Tür des
Lehrerzimmers und auch den Rock, den ich in meiner kleinen
Hand hielt. Ich war ein zartes, von seinen Eltern überdies
noch verzärteltes Kind, wurde erst spät zur Schule geschickt.
Hätte sie mir damals eine Ohrfeige gegeben oder mir zumindest den Unterschied zwischen Öffentlichkeit und Zuhause
streng beigebracht, so hätte ich ein für allemal begriffen, was
Konvention ist. Sie muß es mir schlecht erklärt haben. Alle,
die mich kennen, wissen, daß ich noch immer leicht jeman-
den am Ärmel zupfe (ich bin ja gewachsen) und Dinge sage,
die man nicht sagt.

2 *Rückkehr der Schiffe*, S. 12.

Mein letzter Schultag war auf seine Weise genau so sehr der meine. In der Geschichte hielt ich ein Referat über Paneuropa. Ich war ganz dafür. Der Schulrat war ganz dagegen. Niemand hatte mir gesagt, daß Schulräte – heute wären sie's wohl nicht mehr – gegen Paneuropa waren, und sicher hätte ich's auch trotzdem getan. Er gab mir eine schlechte Note, und so machte ich das Abitur mit 2 statt mit 1. Ich trug an dem Unglückstag ein sanft-dunkelblaues Seidenkleid mit weißem Spitzenkragen. Es war ein taubensanftes Blau, das den Namen von Patou, dem damaligen Dior, trug. Die Seide war sehr dick und hatte Härchen wie ein Fell. Ich habe nie wieder ein derartiges Kleid gehabt. Ich sage das nur, weil ich dies Kleid zerriß, vor Wut und Kummer zerriß, sowie ich nach Hause kam. So empört war ich über den Schulrat. Meine Mutter tadelte mich nicht wegen des Kleids, was andere Mütter vielleicht getan hätten. Sie war viel zu bestürzt. Alle, die mich kennen, werden nicht daran zweifeln, daß diese Geschichte wortwörtlich wahr ist. Aus der Schulzeit selber erinnere ich mich noch, daß ich einerseits expansiv war und gut mit den andern auskam, so daß ich z. B. zur Sprecherin für die Klasse gewählt wurde, sobald dies Amt eingeführt wurde. Andererseits wieder gab es Zeiten, in denen mich das Leben innerhalb der Gruppe so bedrückte, daß ich mich während der Pausen auf dem Klosett einschloß und am liebsten auf das Abitur verzichtet hätte, obwohl mir das Lernen leicht fiel, bloß um aus dem Klassenverband auszubrechen. Auch heute noch ergreife ich oft abrupt die Flucht, aus heiterster Geselligkeit in die strikteste Klausur, und bedarf eines unbescheidenen Atemspielraums. Die Lehrerin sagte meiner Mutter, es gäbe kein Kind in der ganzen Schule, das so heiter und so traurig sein könne wie ich. Meine Mutter hörte mit Unbehagen, daß ich zu solchen Extremen neige.

Ich studierte zunächst Jura, aus Begeisterung für meinen Vater. Hauptsächlich wohl wegen eines Prozesses, bei dem mein Vater einen harmlosen Bürger, der bei einem weniger harmlosen in Zwangsmiete wohnte, gegen die Anklage der

Brandstiftung zu verteidigen hatte. Dieser Prozeß erstreckte sich über einen großen Teil meiner Kindheit. Ich schwänzte die Schule, um den Gerichtsverhandlungen beizuwohnen, und bestärkte meinen Vater darin, diesen lange schon zahlungsunfähigen Mandanten durch alle Instanzen zu verteidigen. Ich sehe den Vater noch, wie er am Abend nach einer Gerichtsverhandlung im Bett lag, halb krank vor Aufregung, weil er Drohbriefe erhielt, und wie meine Mutter dafür war, es aufzugeben – aber er konnte mich einfach nicht enttäuschen, und hätte es unsere gesamte Existenz gekostet. Dieser Mann, der dann nach fünf Jahren des Hin und Her auf ein Gnadengesuch meines Vaters von Hindenburg begnadigt wurde, war einer der ersten, die, nach 1933, aufhörten, meinen Vater, einen jüdischen Rechtsanwalt, auf der Straße zu grüßen.

Von der Jura wechselte ich zu Nationalökonomie und Soziologie, erlebte die große Zeit von Heidelberg, durfte zu Jaspers und Karl Mannheim in Kolleg und Seminar gehen, einen politischen Glauben haben und verlieren, und lebte ein erstes Leben, zu dem diese Kindheit auch paßt und das mich über Rom und England nach Santo Domingo führte. Ich unterrichtete, öffentlich und privat, ich jonglierte Texte aus vielen Sprachen in viele Sprachen. Und ich habe bei allem Unglück immer gerade noch das nötige Glück gehabt, ohne das sich nicht mehr von diesem Unglück erzählen ließe.

In den Tagen, als ich Hilde Domin wurde und all diese Wanderjahre von Land zu Land, von Sprachgebiet zu Sprachgebiet, sich plötzlich als Vorbereitung, als Lehrjahre dafür erwiesen, war ich Lektorin für Deutsch an der Universität Santo Domingo. Mein erstes Gedicht schloß mit den Zeilen:

> Eine große Blüte stieg
> leuchtend blaß
> aus meinem Herzen.

Seither ist Schreiben für mich wie Atmen: man stirbt, wenn man es läßt.

Die ersten 150 oder 200 Gedichte schrieb ich sehr rasch hintereinander, zwischen Herbst 51 und Herbst 53, noch in Santo Domingo, in Haiti und dann in den Vereinigten Staaten, in New York und auf der Insel Vinalhaven, hoch oben an der kanadischen Grenze. Diese erste Periode kam zum Abschluß in dem langen Gedicht WEN ES TRIFFT, das mir immer noch wichtig ist, wenn ich mich auch heute einfacher ausdrücke. Es handelt von dem, den es ›getroffen‹ hat und der davongekommen ist,

> ... als wär er
> aus dem zehnten oder zwanzigsten Stock
> – der Unterschied ist gering
> beim Salto mortale
> ohne Netz –
> auf seine Füße gefallen
> mitten auf Times Square
> und mit knapper Not
> vor dem Wechsel des roten Lichts
> den Schnauzen der Autos entkommen.
> Doch eine gewisse Leichtigkeit
> ist ihm
> wie einem Vogel
> geblieben.[3]

Danach habe ich anderthalb Jahre keine Zeile mehr schreiben können. Wir fuhren nach Deutschland, mein Leben bestand aus Reisen und Tippen.

Zunächst dachte ich nicht an Veröffentlichen, es stieß mir zu, wie mir das Schreiben zugestoßen war. Ich tat nichts dafür. Es passierte in München. Dr. Schöningh fragte mich, die ich nur mitgekommen war: »Und was tun Sie?« Auf seinen Wunsch schickte ich ihm ein Gedicht, ein einziges. Es war drei Jahre alt, das dritte, das ich geschrieben hatte. Schöningh druckte es in der nächsten Nummer des *Hochland*. Ich

---

3 *Nur eine Rose als Stütze*, S. 46 ff. (hier: S. 50)

schämte mich sehr, für ein Gedicht gelobt zu werden. Im Anfang – aber vielleicht geht das allen so – blieben die Gedichte noch lange ein Teil von mir. Heute ist das anders, heute werden sie gleich abgenabelt und machen sich selbständig. Der eigene Weg, das ›Kunstwollen‹ wird ja zunehmend bewußter. Vielleicht ist ›Kunstwollen‹ wissen, was man nicht will, bei mir ist es eine Selbsterziehung zum ›Weglassen‹: mit Weniger mehr tun.

Eigentlich zu veröffentlichen begann ich bei meiner zweiten Rückkehr nach Deutschland, 1957. *Die neue Rundschau* hatte bereits Gedichte zum Druck angenommen, die ich, eine Unbekannte, noch aus Madrid geschickt hatte. Daraus, aus dem Briefwechsel über eine Gedichtzeile, erwuchs dann ganz von selbst meine Beziehung zum S. Fischer Verlag. Weihnachten 1957 wurde ich gleichzeitig von der *Neuen Rundschau* und von *Akzente* vorgestellt. Danach öffneten sich mir alle Redaktionen und alle Arme. Es war eine euphorische Heimkehr.

Nicht im 9. Jahre, wie Horaz vorschreibt – nono imprimatur in anno –, aber doch im 8. Jahr veröffentlichte ich mein erstes Buch *Nur eine Rose als Stütze* (1959), das Walter Jens, der nichts von mir wußte, in seiner Kritik mit den Worten begrüßte: »Eine Dichterin, die warten konnte, stellt sich vor.« Von meinen in Übersee geschriebenen Gedichten nahm ich ganze acht in diesen Band auf, der eine Anthologie aus vier Schaffensperioden darstellt, während mein zweiter Gedichtband *Rückkehr der Schiffe* (1962) eine Einheit bildet, sich an den letzten Teil des ersten Bandes anschließt oder noch daneben entstanden ist. Die LIEDER ZUR ERMUTIGUNG, jetzt der Anhang, wären wohl mein dritter Band geworden: ein Heimkehrerbuch. (Was die *Schiffe* trotz dieses Titels, keineswegs sind!)

Bei meiner dritten – wer wagte, zu sagen ›endgültigen‹ – Rückkehr nach Deutschland, im Januar 1961, bekam ich in Heidelberg, meiner alten Universitätsstadt, all die erstaunlichen Dinge, die die Menschen zu haben pflegen und die ich seit meiner Kindheit nie in dieser Weise gehabt hatte: das

Bett, den Tisch, den Briefkasten, und was sonst zu einem Zuhause gehört. Ich, die ich immer unterwegs gewesen war und das ›Haben‹ verlernt habe, »als hätte ich nicht mehr die Hände zum Haben«.

Die LIEDER ZUR ERMUTIGUNG waren die Umkehr meines Themas vom Verlust: das ›Geschenk‹, das zu halten schon die Hände fehlen. Ich weiß nicht, mit was man es dann annimmt. Nur daß es ein Äußerstes ist, ein Grenzglück, das Zerbrechlichste. Etwas wie »Und aus den Bächen herauf glänzt das begrabene Gold«.
Ich habe dieses Buch des Beschenktseins nicht geschrieben. Nicht immer wird auf der hergerichteten Szene das erwartete Stück gespielt. Man ist nicht ungestraft so glücklich, ich weiß nicht, welchen Göttern ich versäumt hatte zu opfern bei diesem Zuviel.

> Wenn die Welt...
> dir ein Einhorn
> gesattelt
> zur Tür schickt
> ...
> wenn alles dich einlädt
> das ist die Stunde
> wo dich alles verläßt.

Vielleicht lag es an den Umständen meiner Geburt. Ich berichtete von meiner Parthenogenese, 1951. Der Nichthumanist hat dies Wort so zu verstehen: Es ist wie bei einem Feuerwerk. Eine Lichtgarbe ist schon nahe dem Ende ihrer Kurve, müßte nun fallen. Da tut es einen Knall, und es fängt neu an. Hätte ich nur, als ich mein eigener Sohn wurde, gleich ganze Sache gemacht und auch das Geschlecht gewechselt. Als Junge hätte ich es einfacher gehabt.
Wie es ist, ist mein Mann in zweiter Ehe mit mir verheiratet. Mit mir, einer Person, die noch nach den gleichen Kochrezepten kocht wie früher und deren Soufflés nicht gelitten haben,

die auch immer noch gerne morgens bis 9 Uhr im Bett bleibt. Aber sonst ist einfach alles anders geworden. Früher war ich rundlich und prall, jetzt bin ich grazil. Früher plante ich, jetzt ist jeder Tag immer nur Heute, selbst der Abend ist jeden Morgen unvorstellbar weit weg. Ich, so nützlich, bin unnütz geworden. Und, was das Schlimmste ist, ich bin ein Sohn, der alles umgekehrt tut. Der viel Geduld verlangt und den man manchmal am liebsten hinauswürfe. Jeder Atemzug, den ich tue, ist der eines Enfant terrible. Das liegt nicht an mir, es liegt daran, daß ich auf die Welt gekommen bin mit diesem Knall.

1951, als ich zu schreiben begann, wurde mir, wie jedem, der beginnt, alles bis dahin Getane zur Vorgeschichte. (Auch der Surrealismus, den ich draußen ja früher mitbekam als die drinnen.) Weshalb ich zu den jüngsten deutschen Lyrikern gehöre, etwa zur Generation von Peter Rühmkorf.[4]

Wenn ich also einer unserer jüngsten Autoren bin, ich, die ich mir bereits die Haare auffärben lasse – etwas heller als früher –, so verletze ich auch darin alle Regeln, daß ich, mit dem *Diwan* und Heine über dem Bett aufgewachsen, von Mannheim, Weber und Jaspers trainiert, mich als gebürtigen Schüler der Spanier betrachten muß, unter denen ich, mehr noch als unter den Italienern, den größeren Teil meines bewußten Lebens zugebracht habe. Was Krolow bei Alberti, was Enzensberger bei Neruda findet, das fließt in meinen Adern, ist von Geburt mein Teil. Auch die Schwierigkeit, zwischen Gefühl, dem legitimen, und Sentiment zu entscheiden, die daraus erwachsende Beklommenheit, entfällt bei mir wie bei allen Romanen.

Es ist daher vielleicht auch kein Zufall, daß meine Gedichte, auf die jene für die neuen spanischen Lyriker geprägte Formel des »Tradition und doch modern« anwendbar ist, ganz wie die Gedichte der Spanier oder auch Ungarettis sich

---

4 Geschrieben 1962.

auf vielen Ebenen lesen lassen. Ein einfacher Ostflüchtling erkennt sich darin wieder genau wie ein high brow.

In noch etwas bin ich ein Sonderfall: wenn alle es heute mit Kafka halten, der sagt, seine Taube sei heimgekehrt und habe »nichts Grünes« gefunden, so sehen meine Gedichte mit aufgerissenen Augen, wie abgefressen alle Wiesen sind, wie leer die Äste. Wie es überall hohl ist. Und vor Schrecken fliegen sie dann so weit und so hoch, daß sie irgendwo doch noch ein – schon ganz durchsichtiges – Blau oder Grün erwischen. Wie wir es in Wahrheit doch alle immer wieder tun, denn sonst leben wir nicht. Das Nur-Negative ist eine Attitüde.

So ist es eine Tatsache, daß meine Gedichte zu den gelesenen gehören. In andern Worten, sie werden ›gebraucht‹. Dabei ist ein Gedicht, glaube ich, kein Gebrauchsgegenstand wie andere, es nützt sich nicht ab. Vielmehr gehört es zu jenen magischen Gebrauchsgegenständen, die, wie der Körper der Liebenden, in der Anwendung erst richtig gedeihen. Oft empfinde ich daher meine Gedichte als stärker als mich, die ich – wie keine Pflanze und kein Tier in einer botanischen oder zoologischen Versuchsstation – gekreuzt und wieder gekreuzt bin. Außerhalb jeder Regel. Von der Natur nicht vorgesehen. Vielleicht durfte es mich nicht geben. Vielleicht gibt es mich nicht. Aber daß es meine Gedichte gibt, scheint außer Zweifel.

Über die Schwierigkeiten,
eine berufstätige Frau zu sein

1 Wir sind alle Hermaphroditen.

2 Die fatale Arbeitsteilung geht zurück auf die Vertreibung aus dem Paradies: spätestens, und reproduziert sich in jeder Gesellschaftsordnung.

3 Vor einiger Zeit ging ein russischer Witz durch die Presse: »Wo ist dein Vater, Junge?« »Vater umkreist den Mond.« »Und deine Mutter?« »Mutter steht Schlange für Lebensmittel.« Allerdings haben die Russen bereits einen weiblichen Astronauten und auch die Weltraumhündin Laica.

4 »Frauen können nicht logisch denken«.
Daß logisches Denken nur mittels des Penis zu bewerkstelligen ist, scheint ein unausrottbares Axiom der Vulgärmedizin zu sein.

Daß der Penis zum Auspissen des Feuers geeignet ist, während Frauen »den Strahl nicht lenken können« (Freuds Erklärung für den Primat der Männer), ist dagegen nachweisbar, jedoch im Zeitalter der zweiten Industrierevolution ziemlich unwichtig.

Frauen können auch keine »Rosen in den Guadalquivir pissen«, wie Lorca vorschlägt, und sind auch im Pißduell, wie Breton es übte, nicht satisfaktionsfähig.

5 Die Intelligenz der Frau wird verziehen, wo sie bereit ist, als nègre zu arbeiten. »Hinter manchem klugen Kopf steckt ein mindestens so kluger.«

6 Frauen sind die geeignete Bodenmannschaft für den Start begabter Männer: eine auch im Erotischen empfehlenswerte Kombination für die Frau mit unbequem hohem I.Q.

7 Politikerinnen geben häufig das Rezept, wichtige Anträge durch einen Mann oder gemeinsam mit einem Mann zu verfechten (im PEN z. B. anwendbar). – In der Arbeit läßt sich nichts delegieren. Jeder (jede) muß so gut sein wie nur möglich.

8 Eine italienische Autorin schrieb mir vor einigen Jahren: »Wie kommt es nur, daß zuerst so riesig viel von Ihnen gesprochen wurde, und plötzlich ist es so still. Gewöhnlich ist es doch umgekehrt, man wird bekannter und bekannter. Was ist Ihnen passiert. Basci non dati? Nicht gegebene Küsse?« »C'ha ragione«, schrieb ich zurück. (Ein Mann würde einen das nicht fragen, weil einem Mann so etwas gar nicht passiert.)

9 Zu meinem letzten Gedichtband (*Ich will dich*, 1970) bekam ich den Brief eines berühmten Kollegen, ich sei »unter Poeten ein Mann«. Das Nonplusultra seiner Anerkennung. Habe ich mich gefreut, daß ich, eigentlich ein Mensch zweiter Güte, hier zum Menschen erster Kategorie befördert wurde? (Ich sehe schon das entsetzte Gesicht des Schreibers, wenn er dies liest, ich höre ihn schon protestieren, nein, nie habe er Frauen als minderwertig betrachtet, er hasse überhaupt das Einteilen in Höher- und Minderwertige, Übermenschen, Untermenschen und dergleichen, habe das auch zur Zeit der Nazis bewiesen. Hat er ja auch.) Er hat ganz einfach einen Superlativ gesucht. So wie Menschen sonst sagen: »Das ist ein wirklicher Mensch!« Sagen Katzen zu Katzen: »Du bist wahrhaftig eine Katze!« Höher geht es nicht als: Du bist mir gleich. Daher habe ich mich trotz allem über das Lob gefreut: weil es so direkt war und von Herzen kam. Hätte er so etwas nun öffentlich geschrieben (»Ich wollte das eigentlich tun« schrieb er mir), so wäre es eine Art Diplomatenpaß gewesen, ein Safe-

conduct, um sich freier zu bewegen, man würde die Wand im Rücken los, an die der Angeklagte gedrückt ist. (Frauen sind virtuelle Angeklagte, haben stets die Beweislast.) Insofern wieder ärgert einen ein solches Papier in der Schublade, man starrt es an wie ein hungriges Kind einen Kuchen im Konditorladen, von dem es nichts abkriegt.

10   1844 schrieb die Droste an Schücking: »Geben Sie mir Ihr Ehrenwort, wie Sie es einem Mann geben und halten würden, daß Sie an meinen Gedichten nicht eine Silbe willkürlich ändern wollen.«

11   1942, kurz vor ihrem Tod, schrieb Virginia Woolf an eine amerikanische Frauenorganisation: »Die Frauen sind wie Juden unter Nazis.« 1968 oder 69 schrieb Sartre: »Frauen sind jüdische Neger«. Ist es also im letzten Vierteljahrhundert besser geworden?

12   Berühmte Autorinnen (von den andern erfährt man es nur zufällig), die sich in den letzten drei Jahrzehnten umgebracht haben, weil es absolut nicht ging: Zwetajewa, nach ihrer Rückkehr aus dem Pariser Exil; Sylvia Plath, die amerikanische Frau des englischen Lyrikers Ted Hughes; Virginia Woolf; die Schwedin Karin Boje. Ein hoher Prozentsatz der Lyrikerinnen. (Von Majakowski, als politisch Mißliebiger in eine vergleichbare Angeklagtensituation gebracht, bis Paul Celan, Jude, eine weit kleinere Prozentuale.)

13   Ein selbstkritischer und praktizierender Marxist, der in Eheschwierigkeiten ist, sagte mir: »Ich stelle fest, daß ich meine gesamten progressiven Überzeugungen, wo es um mich selbst geht, einfach nicht anwende. Ich kann es gar nicht!« (In der Praxis geht er vor Ibsens *Puppenhaus* zurück.)

14   Die sogenannte ›Emanzipation‹ hat uns von der Haushaltshilfe befreit. Do it yourself, jede berufstätige Frau das

Dienstmädchen der Familie. Eine vorübergehende Erleichterung steht der berufstätigen Frau ins Haus, wenn die sogenannte Gleichberechtigung im neuen Ehescheidungsrecht die Fünfzigjährigen (oder auch Vierzigjährigen) zu idealen Kochputztippsekretärinnen werden läßt, wie sie es bisher für den Ehemann waren. (Vorübergehende Erleichterung, sagte ich, denn die Mittzwanzigerinnen werden an ihrem Beruf künftig festhalten, gleichgültig, was aus der Familie wird.)

15 Wo beide Ehepartner geistig tätig sind, müßten sie eigentlich einen Dritten (eine Dritte) anheiraten. Eben die Ehefrau: den Menschen, der schon vor der Zimmertür wartet, um die Arbeit des andern entgegenzunehmen. Der nicht selbst aus dem Zimmer geschossen kommt, begierig, sich mitzuteilen: eine Kollision, der nur durch komplizierte Vorfahrtsignale zu begegnen ist.

Es hat offenbar der nicht-aktive Mensch eine vitale Funktion im Zusammenleben. Muß es die Frau sein? Aber welche Frau möchte, daß es ihr Mann sei?

16 Ist die Jugend über all dies hinweg, weil die Jungen wie Mädchen und die Mädchen wie Jungen aussehen?

In einer ›fortschrittlichen‹ Schülerzeitung (*Spiegel*, 1969) stand folgender kühne Vers: »Die Arme festgeschnallt, / die Beine breit, / Ficken ist 'ne Kleinigkeit.« *Kursbuch* Nr. 11, herzzerreißenden Angedenkens, ganz den Problemen linker Studentinnen gewidmet und auch fast ganz von ihnen geschrieben, gab diesen Rat: »Wenn er dich rückschrittlich schilt, antworte, er sei ›doof‹!« (wörtlich)

Emanzipierung oder Degradierung der Frau zum Objekt, wo Sex zum Leistungszwang wird? (Vgl. Studien wie *Einführung in Partnerschaft* von Mandel/Stader/Zimmer, München 1971.)

17 Die Frau ist heute zu fast allem zugelassen: auf Widerruf. Sie muß immer auf den Zehenspitzen sein, sie braucht die

doppelte Portion ›Glück‹: wie jeder sozial Deklassierte, der es trotzdem schafft. Wenn sie einmal verdächtigt wird (wessen? Frau zu sein), verliert sie ihre Freunde, wird die Konzession widerrufen. Denn es waren ja nur ›Konzessionen‹. Toleranz ist nicht einem mitgeborenen Recht gleichzusetzen.

18   Haben Frauen mehr Zivilcourage? Vielleicht. Wie jeder Angehörige einer gesellschaftlichen Minderheit. Aber diese Zivilcourage bezieht sich nur auf Männer. ›Arische‹ Frauen, Berlinerinnen, haben ihre nicht-arischen Männer durch Demonstrationen aus dem KZ geholt, zur Nazizeit. Keine entsprechende Aktion von Männern für ihre nicht-arischen Frauen ist überliefert, soviel ich weiß.

Aber wenn es um Frauen geht, haben Frauen selten Courage. Denn sie fürchten, mit ins Verderben gezogen zu werden. Im Gegenteil, Frauen finden es konvenierend, mit Männern gegen andere Frauen Partei zu ergreifen, als seien sie selber jenseits der Gefahrenzone. Der Mechanismus funktioniert wie bei Gefährdungen in autoritären Staaten.

19   Neben dem gesellschaftlich-beruflichen wird der erotische Krieg geführt. Das sind zwei Kriege mit konträren Spielregeln. Das eine Schlachtfeld macht die Berichterstattung über das andere zur Farce.

20   Wir sind alle Hermaphroditen. Wir haben alle Angst vor der Einsamkeit. Der Tod? Oder die Todin? La muerta, la morte, Madame la Mort. Unsere Knochen werden fast gleich sein. Unsern Staub unterscheidet nichts mehr.

Erste Begegnung mit meinem Verleger[1]

Ein Verleger ist ein Zwischending zwischen einer Schreibmaschine und einem Ehepartner. Was eine Schreibmaschine ist, weiß jeder: sie macht den Text leserlich, sie macht ihn – falls er sich überhaupt dazu eignet – zu etwas Objektivem und Fremden, sie vervielfältigt ihn. Der Verlag ist etwas wie eine definitive Schreibmaschine. Was den Ehepartner angeht, so hat Ortega die Ehe – nein, wohl die Liebe – als eine »Verbindung zur gegenseitigen Bewunderung« definiert, und das ist zumindest im Idealfall für die Beziehung zwischen Autor und Verleger brauchbar. Über die Schreibmaschine ist weiter nichts zu sagen, sie ist ein gehorsames Instrument. Über die Ehe wäre jedes Wort zuviel. Der Verlag ist ein Zwischending, überlebensgroß.

Zu solchen Abstraktionen kommt man erst nach vielen Jahren. Im Anfang sind Verleger das Aufregendste, was es gibt. Sie sind weder Schreibmaschinen noch Ehepartner (was man aber auch später am besten heruntergeschluckt). Sie sind, was man denkt, daß sie sind: der Kopf der ›Welt‹, das Gegenüber, der Leser par excellence.

Mein erster Besuch im S. Fischer Verlag, im Bienenkorb. An den Wänden standen die Bücher, viele von ihnen, die ich als Studentin gehabt hatte, manche habe ich noch, andere sind verloren. Bernard Shaw z. B. in altgoldenem Leinen, ich war stolz auf die Ausgabe, stolz darauf, sie einem berühmten Mann zu leihen, er hat sie sicher auch nicht mehr. Die Knollmöbel waren mir aus Amerika vertraut, ich empfand die Räume als hell, neutral, angemessen, sie waren mir völlig

---

[1] Dr. Rudolf Hirsch, S. Fischer Verlag.

gleichgültig. Das war ja gerade das ›Neutrale‹. Man konnte sich um so leichter aufregen über alles, worüber man sich aufregt, wenn man zum erstenmal in einen Verlag kommt.

Am meisten regte mich auf, daß ein oder zwei Stunden über ein Gedicht von mir diskutiert wurde – ich war noch gänzlich ungedruckt, das Gedicht sollte in die *Neue Rundschau* – während ein recht illustrer und auf jeden Fall vielgedruckter Besucher im Wartezimmer saß. Ich erstarb vor Schüchternheit und auch vor Ehrfurcht vor meinem eigenen Gedicht. Ich bekam Gedichte gezeigt, die schon virtuell im Papierkorb lagen, Gedichte von bekannten Leuten. Ich wurde noch schüchterner, obwohl auch ich diese Gedichte schlecht fand. Ob mein eigenes Gedicht gut war, konnte ich damals keineswegs beurteilen, auch wenn es schon vier Jahre alt war. Man kennt seine Gedichte nicht von außen, ehe sie gedruckt sind, zumindest nicht im Anfang. Mit großem Elan wurden also die Gedichte in die *Neue Rundschau* aufgenommen. (Sie waren in der Tat schon angenommen gewesen, ehe ich das Haus betreten hatte, ich hatte sie aus Madrid geschickt.) Daß ich damit einen Verlag hatte, daran dachte ich gar nicht, vor lauter Aufregung, daß die Gedichte in die *Rundschau* kamen, die damals, 1957, außer Celan kaum irgendwelche zeitgenössische Lyrik gebracht hatte und, wie mir der Herausgeber ausdrücklich sagte, eine »hohe Plattform« war.

Die *Rundschau* erschien im Dezember, sie brachte Gedichte von Saint-John Perse, *Das Pferd* von Tibor Déry, einen Essay über die Bienen von Frisch, eine Erzählung von Ionesco und WEN ES TRIFFT und andere Gedichte von mir. Es war, in meinem so unregelmäßigen Leben, die nächste Annäherung an das, was ein bürgerliches Hochzeitskleid sein mag: etwas richtig Feierliches. Kurz darauf wurde ich bei Fischers eingeladen und gefragt, ob ich Gedichte für einen Band habe. »Sie müssen sich gedulden, Frau Dr. Palm«, sagte man mir an der Tür, »aber gerade wird Frau Domin erwartet.« Oder umgekehrt, ich habe es vergessen. Nur Tage später schrieb mir der Lektor eines andern großen Verlags.

Bücher-»Grillen«

Den »Bibliographischen Grillen« Th. W. Adornos verdankt

Es macht Freude zu lesen, daß Bücher ›Katzen‹ sind. Natürlich keine Hunde, die angewedelt kommen auf einen Pfiff. Sie entziehen sich nicht nur wie die Katzen, sie sind insistent wie Katzen, hängen sich einem an, wenn man ganz anderes vorhat. (Sie klettern die Wände hoch, sind der Feind jeder Einrichtung, zerkratzen die Möbel. Und sie machen sich überall breit, wo man es ihnen eigentlich nicht erlauben wollte, und mit freundlichem Unbehagen läßt man ihnen ihren Willen.) Man hat sie im Haus, und sie sind keine Haustiere. Mit Ausnahme derer, natürlich, die Haustiere im ausschließlichsten Sinne sind: Ziegen- und Kuhherden mit vollen Eutern. Die Lexika, meine ich. Sie lassen sich aber nicht von jedem melken, obwohl die Euter so voll sind. Sondern nur von dem, der ganz intim damit steht. Denn was soll einer, der nicht schon weiß, was drinsteht, mit einem Lexikon tun? Lexika sind nur für den, der sie eigentlich nicht mehr braucht. Der darf sie melken, den machen sie fett. Das Schönste sind Lexika unter sich: die von Fremdsprache zu Fremdsprache. Man sieht die Wörter sich ausdehnen und zusammenziehen, und obwohl es die gleichen Wörter sind, sind es ganz andere Wörter: größere oder kleinere, Kreise, die sich überschneiden, selten konzentrisch. Solange man nicht gleich mitfühlt, was für ein Mensch in welcher Situation und mit welcher Betonung so ein Wort in den Mund nimmt, schmecken Lexika nach nichts.

›Dünne Bücher, dicke Bücher‹: in Lateinamerika unterscheidet man zwei Sorten Bücher: »Un libro que se para«, ein Buch das »stehen bleibt, wenn man's hinstellt« – und die andern. »Un libro que se para« ist erstens von einem gewissen Umfang und überdies kartoniert, für seinen Autor aufregender als jeder Orden.

Zu den ›gereisten‹ Büchern: da sind die Stigmate der Nägel zu erwähnen. Wo kriegt man denn Packer, die die Nägel nicht in mindestens zwei Bücher hineinhauen? Und gar wenn die Kisten bebändert werden für Übersee? Da haben die Packer doch jede Entschuldigung. Bei jeder neuen Wanderung neue Verletzte.

Immer mehr Bücher, immer schlechter gebundene, muß ich sagen. In Südamerika gerieten wir in die Taschenbücher, vor den Taschenbüchern. Die argentinischen ›Ostereier‹, wie wir sie nannten. Bunt und billig. Außer man hätte lederne mit Goldschnitt erworben. Selbst wenn man Geld gehabt hätte, wer hätte Bücher mit soviel Gold haben mögen: Pfeile, Rauten und die Namen, goldgepreßt, horror vacui. Wie die einfachen teuren Kleider in Lateinamerika zunächst einmal mit Pailletten bestickt werden, so daß man sie nicht kaufen würde, selbst wenn sie bezahlbar wären.

Dann die Bücher, hinter denen Schlangen aufstehen. Man schiebt ein Buch in die Reihe, da ist ein Widerstand. Zisch, fährt eine Schlange hoch. Mit einem Buschmesser, einer geschweiften Klinge, einen halben Meter lang, werden Schlange und Buch erledigt: man sieht mit Entsetzen zu, wie der Boy das Messer schwingt. Das Entsetzen, mit dem man den Schnitt durch Schlange und Buch mitansieht, das sind zwei verschiedene Entsetzen, obwohl es doch ein Hieb ist. Im Grunde hätte man die Schlange leben lassen können, sie war nicht tödlich, außer für das Buch. Dicke große Schlangen hinter Büchern haben trotzdem etwas Widerliches. Lange hat man keine rechte Lust mehr, ein Buch in ein Regal zu stellen.

Und die tropischen Wespen, Maurerwespen oder wie sie heißen. Sie führen eine Ehe zu dritt und bauen klebrige Nester in den Schnitt der alten Bücher. Oktav- und Duodezformate sind genau richtig. Aldinen oder sonstige Renaissanceausgaben, die Adorno mag, ziehen auch die Wespen an. Neue ersetzbare Bücher locken sie fast nie. Nur die *rara*. Ein vollkommenes Nest ist eine gerundete Lehmwand, in der Mitte hohl: eine Art Kanal für die Maden. Man kratzt es ab, läßt es trocknen und kratzt es nochmal ab. Dann kann man das Buch wieder öffnen. Es bleibt verfärbt.

Die Frage der Termiten ist ganz anders. In irgendeinem neueren deutschen Gedicht las ich, daß sie ›Zangen‹ hätten. Nichts ist verkehrter. Die Termiten sind unglückliche weiche Tiere ohne jeden Schutz: ohne Kruste, ohne Waffe, noch dazu in Reih und Glied marschierend; ohne die Freiheit zur Flucht. Nichts ist zerstörbarer als Termiten. Nur daß es so viele sind. Man bringt sie um, und die Hausameisen, die winzigsten der Ameisen, tragen die Toten fort, kleine elyptische Würmer, und fressen sie. Termiten und Ameisen erziehen zur Ordnung. Wenn man sich jede Woche einmal auf den Boden legt und unter die Regale guckt, auch ihre Füße mit dem streicht, was die Franzosen ›Schweinfurter Grün‹ und die Deutschen ›Pariser Grün‹ nennen – so wie Syphilis je nachdem das ›englische‹ oder ›gallische Übel‹ hieß –, dann fressen sie nur die Bettücher, weil man da nicht aufgepaßt hat. Bekannt ist, daß sie kleine gewellte Gänge fressen. Bei einem Buch ist man manchmal im Zweifel: war es ein schief hinein gefahrener Nagel, oder sind es die Termiten? »Nur ein Nagel«, sagt man beruhigt. Und überlegt sich nicht, daß man selber kaum weniger abgekriegt hat.

Dann sind da die Zyklone. Abgesehen von dem Dach, ob es Zink oder Zement ist, sind Zyklone eine Charakterfrage. Packt man z. B. 5000 Bücher in Kisten, wenn ein Zyklon angekündigt ist, weil beim ersten Windstoß das ganze Dach davonflöge? Wäre man nur nie in ein Haus mit einem Zinkdach gezogen. Im ersten Jahr packt man bei Zyklon-Alarm, ganz wie Fenster und Türen mit Balken verbarrikadiert werden.

Man hört nur Hämmern, splitternackt packt man bei fürchterlicher Hitze seine Bücher. Zyklone kommen, wenn es am heißesten ist. (»August: come it must. September: remember. October: all over.«) Bis sie gepackt und vernagelt sind, ist der Zyklon vorbeigesaust, ein paar Kilometer nördlicher, ein paar Kilometer südlicher, wo die Menschen keine Bücher hatten oder sie wegschwemmen ließen. Du darfst sie auspacken. Mehr Nägel als sonst sind in der Aufregung hineingegangen. Ich sagte ja, es sei eine Charakterfrage, ob man es zwei- oder drei- oder viermal tut. Ich kenne niemanden, der im fünften Jahr seine Bücher eingepackt hätte. Auch ist ja die Frage, was man mit den Kisten tun soll, eine müßige. Im Erdgeschoß stünden sie im Wasser. Der Oberstock kracht ein, wenn das Dach weg ist. Der Zyklon nähme ihn auf der Rückfahrt mit. Es ist bekannt, glaube ich, daß Zyklone, eine Ohrfeige rechts, eine Ohrfeige links, erst hin-, dann herfahren. Die Stille in der Mitte soll die stillste Stille sein.

Unempfehlenswert gegen Feuchtigkeit und Insekten ist Pfeffer. In Wochen altern mit Pfeffer behandelte Bücher um Jahrhunderte: Stockflecken. Selbst neue Bücher. Das war vor dem DDT. Man tue Watte in die Nasenlöcher und bestreue Buch nach Buch innen mit DDT, das alte DDT-Mehl ausschüttelnd. Einmal jährlich. Wie Zyklone eine Charakterfrage.

Bevor wir Santo Domingo verließen – nur mit Köfferchen, die Bücher eingesalzen mit Kilos DDT blieben dort zehn Jahre lang –, taten wir etwas Schreckliches: wir opferten Marx, damit die verlassenen Bücher nie seinetwegen in Gefahr geraten sollten, durch Trujillo oder was auch immer, Marx leistete Widerstand. Er war gut gebunden, in Halbleinen, und es war wie ein sehr langsamer Mord, wo das Opfer immer noch atmet. Den Tätern wurde übel. Immer hatten wir ihn dabei gehabt, er war ja ein Fachbuch für mich. Wir saßen auf dem Fußboden und zerrissen ihn mühsam in kleinste Stückchen. Es war eine Untat, ein Sakrileg, und dauerte lange.

Das *Kapital* erwies sich als das einzig Geborgte, was wir gehabt hatten. Ich hatte längst vergessen, daß es nicht mir war. Kaum kamen wir nach Europa, so wurde es uns abverlangt, von jemandem in London, einem Greis, der es in mittleren Jahren mir, einer Studentin im ersten Semester, geliehen hatte. Noch vor Hitler. Er verlangte es, als sei es gestern gewesen, und als sei es natürlich, daß Marx uns auf unserer Flucht von Land zu Land begleitet habe, wie er es tatsächlich tat, bis wir ihn dann, im Jahre 52, nach überstandener Gefahr, freiwillig umbrachten.

Am Ende von all diesem gibt es das Eine: die Bücher in Empfang zu nehmen, eine Wagenladung, wenn man z. B. in Heidelberg plötzlich eine Wohnung hat. Die ›Katzen‹ sind Raubtiere geworden, man könnte nicht im selben Käfig leben. Gestank von Verwesung. Man ist ohne sie ausgekommen, im Jahrzehnt des Herumzigeunerns als Untermieter. Man mag nicht sein eigener Erbe sein. Widerwillen gegen Eigentum, selbst wenn es nicht nach Verwesung röche. Wozu all dies, da es doch ohne ging? Nie wieder Bücher, nie wieder Gegenstände. Wie schön, als die Zimmer leer waren. Virginia Woolf erzählt, wie sie mit Heiterkeit ihr zerbombtes Haus sah, auch an die Bücher dachte. »Exhilaration in loosing possessions.« Es ist kein Spaß, sie wiederzuhaben. Es ist schlimmer als Eheschließung nach einer Liebschaft. Was soll es uns? Wir werden sie nie lesen. Wir haben die alten Italiener satt, die so komplett sind. Das zerfledderte Zeug, wozu es aufstellen. Und schon hat man den Petrarca in der Hand, er stinkt noch sehr. Und vergleicht d'Annunzio mit Valle Inclán, überhaupt die Futuristen mit den Spaniern. Was da alles gelaufen kommt. Wie man nur darauf verzichtet hat.

(Das Einzige übrigens, was ohne Zögern, ja mit Begeisterung wieder angenommen wurde: die ›Haustiere‹, die Lexika. Mit Zärtlichkeit und Pomp werden sie in die neuen Gehege geleitet, die geduldigen.)

Die Bücher werden ausgeschüttelt, ausgelegt, gesonnt, sie

riechen täglich manierlicher, oder wir gewöhnen uns an den Geruch. Wir gewöhnen uns an ihr Aussehen. Sie sind blaß von der Tropensonne, mitgenommen in jeder Weise. Wir haben alle unsere ›Katzen‹ wieder um uns, unsere ›Nicht-Haustiere‹. Straßenkatziger denn je, besonders hier, wo alle Katzen gepflegt und geschniegelt sind. Aber sie schnurren wieder.

Und wir beginnen uns zu zanken, weil wir Bücher verkauft haben, um die Überfahrt zu bezahlen: damals, als wir zurückfuhren über den Atlantik.

Die andalusische Katze

Am ersten Abend, als wir eingezogen waren, kam sie. Sofort stellte sich ein schweigendes Einverständnis zwischen uns her. Sie schien zu sagen: »Ich diene euch als Katze. Ich bin lebendiger als ein Sessel oder ein Tisch. Aber ich will so beständig um euch sein wie die Möbel. Wenn ihr eine Katze habt, ist es fast, als wärt ihr zu Hause.« Wir antworteten: »Du bist eine herrenlose Katze. Eine schwarze, dünne, herrenlose Katze. Du bist nicht schön, aber du bist lebendiger als die Möbel. Wir sind Durchreisende. Hier – und nicht nur hier. Trau uns nicht. Wir sind nichts Festes. Aber solange du uns hast, wird es fast sein, als habest du einen Herrn und ein Heim.«

Die Katze blieb bei uns. Es war keine schöne Katze, es war keine besonders lebhafte oder kluge Katze, aber es war eine bescheidene und unaufdringliche Katze, die nie vergaß, daß sie nur zu Gast war, auch wenn sie die Hauskatze spielte. Sie saß am Tisch und bettelte nie. Sie kam morgens auf die Terrasse vor dem Schlafzimmer. Aber sie schwieg und erhob nie die Stimme, um Einlaß zu verlangen, bis wir aufstanden und aufmachten. Wenn wir lasen oder schrieben, saß sie bei uns. Gingen wir spazieren, so begleitete sie uns bis auf die Landstraße, genau wie unsere eigenen Katzen es zu tun pflegen. Und bei unserer Rückkehr saß sie schon am Gartentor. Wir fühlten uns sehr zu Hause, nicht nur der Katze wegen.

Das Haus lag über dem Meer wie ein Schiff, mit Terrassen anstelle der Decks. Es war ganz von Geranien und Bougainvilleas umwachsen. Wenn man morgens die Augen aufmachte, sah man gleich auf das Meer, leuchtend glatt und blau. Der Sonnenaufgang wurde einem ans Bett gebracht wie ein Frühstück, zu einer annehmbaren Stunde, kurz vor neun.

Wir ließen unsere Bücher kommen und blieben in dem Haus, das wir für vierzehn Tage gemietet hatten. Wir blieben für eine längere Zeit. Aber doch nur für eine bestimmte Zeit. Das schien die Katze nicht zu verstehen. Wie die Tage vergingen, ohne daß wir abreisten, begann sie zu denken, wir seien gekommen, um zu bleiben. Die vielen Bücher über dem Kamin – da stellten wir sie auf, denn es war ein Kamin, der rauchte, ein Kamin, dessen schwarze Geschichte außen auf den roten Ziegeln zu lesen war, kurz ein Kamin, den man besser nicht anmachte – die vielen Bücher also über dem kalten Kamin beruhigten die Katze vollends über unsere soliden Ansichten. Das erste Mal, als ich nach Malaga gefahren war, war sie verzweifelt dem Autobus nachgelaufen, so daß sie beinahe unter ein Auto gekommen wäre. Jetzt begann sie den Autobus mit freundlichen Augen anzusehen. Sie saß immer pünktlich auf der Mauer, um mich zu empfangen, wenn ich mit den Einkaufstaschen zurückkam. Die Fische in Malaga sind vorzüglich. Der Petersfisch mit dem Groschen des heiligen Peter auf dem Bauch war ihr der liebste, weil er einen so großen Kopf hat und auch an Schwanz und Flossen viel daran bleibt.

Im Januar – luna de enero, luna de amor, Januar du Liebesmonat – bekam die Katze den Besuch mehrerer Verehrer. Die Kater, die unserer Katze den Hof machten, hatten es nahe genug. Sie brauchten nicht erst von einem der Dörfer oben auf den Hügeln zu kommen, denn sie trieben sich ohnedies auf dem Anwesen herum. Gleich zu Anfang, als sie sahen, wie erfolgreich sich die Katze hatte adoptieren lassen, hatten sie sich uns vorgestellt und um Aufnahme nachgesucht. Es waren ein weiß- und rotgefleckter, mit unsympathisch impertinentem Blick, aber einem durchaus würdevollen Benehmen, ganz gut im Fleisch, was für seine Lebenskunst sprach, und ein widerlich schleimiger schwarzer, ausgehungert und scheu, dem man es anmerkte, daß er selten auf Gegenliebe traf. Wir mochten beide nicht und wiesen sie ab. Sie lebten von gelegentlichen Almosen, wenn die andern Häuser bewohnt waren.

Außerdem gab es noch einen abgemergelten gelben Windhund, der bisweilen unten am Strand erschien, ein hochbeiniges Gerippe, und dort, gelb auf dem gelben Sand, mit trauriger Gleichgültigkeit in den Muscheln schnupperte, die vom Essen der Fischer liegengeblieben waren. – Das Boot mit den drei Fischern gehörte zu dem Stück Meer vor unserem Haus. Im Morgenlicht lag es immer schon auf dem Wasser, schwarz wie die Möwen, ehe die Sonne steigt. Dann wurde es weiß. Aber obwohl sie den ganzen Tag fischten, hatten die drei Fischer nie mehr zum Verkauf anzubieten als hin und wieder einen Tintenfisch. Vielleicht fehlten ihnen ganz einfach die Geräte für einen ordentlichen Fang. Aber es schien ihnen nichts auszumachen, daß so gar kein Geld hereinkam bei diesem Leben, bei dem sie den ganzen Tag arbeiteten, ohne doch wirklich zu arbeiten. Am Mittag zogen sie das Boot ans Land und kochten ihre Muscheln. Dann schliefen sie in dem schmalen Schatten, den das Boot auf den Sand warf, und fuhren wieder hinaus, bis bei Sonnenuntergang die Schatten der Berge von Afrika hinter dem Horizont heraufstiegen.

Aber über den Fischern habe ich ganz die beiden Kater vergessen, die Verehrer der Katze. Dabei machte ihre Gegenwart sich im Januar fühlbar genug. Sie stürmten unser Haus und hetzten sich durch die Zimmer. Sie hangelten sich die Gardinen hinauf und bezogen lieber einen Posten hoch oben auf der Gardinenstange, statt das Feld zu räumen. Wenn man sie zu einer Tür hinausjagte, kamen sie zur nächsten herein.

Schließlich verschwanden sie. Die Katze war schwanger. Mit Mühe überzeugten wir sie, daß die sich in der Schreibtischschublade anhäufenden Manuskriptseiten noch nicht für ein angemessenes Wochenbett ausreichten. »Vielleicht bis zum nächsten Mal«, vertröstete sie sich, und nahm dann mit einer groben roten Decke im Fenstereck vorlieb. Es waren vier Kätzchen. Schön waren sie nicht. Das ließ sich bei den Eltern auch nicht erwarten. Zwei Kätzchen waren schwarz, zwei waren dreifarbig. Die schwarzen Kätzchen hatten weiße Pfötchen und einen weißen Kragen wie Waschbären. Wir nannten sie ›Schneeweißchen‹ und ›Schneepfötchen‹, um der Katze eine Freude zu machen. Auf spanisch natürlich, denn sonst hätte sie es nicht verstanden. ›Blancanieve‹ und ›Blancamano‹. Die Besitzerin des Anwesens hieß ohnehin Doña Dulce Nieves, ›Frau Süßer Schnee‹. Sie war eine schlechtgelaunte Blondine, die, nachdem sie die Häuser einmal mit großem Geschmack eingerichtet hatte, sich nicht weiter um sie kümmerte, denn sie wollte gar nicht erst wissen, was alles reparaturbedürftig war. Daher kam sie auch nie dazu, die Namensverwandtschaft zu feiern. – Den beiden andern Kätzchen gaben wir Namen aus den Gesellschaftsanzeigen der Madrider Zeitung. Schöne und besondere Namen, wie sie nur in Spanien in den Zeitungen stehen.

Als die Mimosen blühten wie kleine, gefiederte Sonnen, machten die Kätzchen die Augen auf, blaue Augen, wie alle jungen Katzen. Vier weitere Katzenfrauen, was würde aus ihnen werden nach unserer Abreise?

Ich erkundigte mich bei dem liebenswürdigen Gärtner. Obwohl der Name Gärtner kaum auf ihn zutraf. Zudem war der Garten das einzige, was auf wunderbare Weise und ohne jedes Zutun funktionierte. Die Blumen gediehen von selbst. Die Blätter räumte der Wind auf. Die feuchte Meerluft begoß sie. Aber der Gärtner war für alles da, was auf dem Anwesen zu tun war oder doch zu tun gewesen wäre, eine Art Ariel auf dieser kleinen Kolonie von fünf Häusern, die ›Die Wahrheit‹ hieß. Man läutete eine Schiffsglocke, die draußen hing. Dann ließ er die Arbeit liegen und stehen, die er gerade in einem der Häuser begonnen hatte, und kam und versprach, den Wasserhahn oder den Herd zu reparieren oder was sonst gerade den tückischen kleinen Sprung vom schadhaften zum unbrauchbaren Gegenstand gemacht hatte. Da der Gärtner sehr nett war und alles lächelnd versprach, braun, schlaksig, mit blauen Augen und gewinnender andalusischer Grazie, nahm man seine Versprechen ebenso lächelnd an, obwohl wir bald lernten, daß sie nur als Trost gemeint waren. Wenn man oft genug geläutet hatte, kam der Gärtner auch wirklich zu einem ins

Haus, und ehe die Schiffsglocke ihn aufs neue hinausrief, gab er den Gegenständen rasch einen kleinen Stoß. Entweder traten sie dann für eine Weile wieder in Tätigkeit, oder es war gänzlich aus mit ihnen. Ab und zu, ganz selten, nach langem Warten, wenn wir die richtige Mischung von Geduld und Ungeduld gehabt hatten, kam dann ein Fachmann, ein zünftiger Elektriker oder Schreiner, und flickte das Allernötigste, und wenn er wegging, sagte er zu dem Ding, das er repariert hatte, nach dem Brauch dieser Gegend: »Sei nett und halte, bis ich kassiert habe.«

Diese Handwerker sahen wir kommen und gehen. Was Ariel betraf, so ließ man einfach die Tür für ihn offen. (Man schloß nie etwas ab, die Schlösser funktionierten ohnehin nicht oder waren bereits durch Haken ersetzt, und Ariel war ehrlich. Nur beim Einkaufen mogelte er bisweilen.) Er kam und verschwand wie ein Geist oder ein Vogel und stellte den Kanister mit dem schlechten gelbbraunen Petroleum in die Küche oder drehte eine Birne aus, wo er sie gerade für entbehrlich hielt, um einem Gast im nächsten Haus zu Gefallen zu sein. Wir nannten ihn den Möwensohn.

Als der Möwensohn wieder einmal dabei war, einen Nagel einzuschlagen, wo eine Schraube fehlte – ich glaube, es war ein Scharnier des Fliegenschranks –, fragte ich ihn nach dem zukünftigen Geschick der vielen molligen Kätzchen. Er tat einen ordentlichen Hammerschlag, so daß ein Stückchen grüner Kalk aus der Wand sprang und eine handbreite weiße Stelle hinterließ (keineswegs die erste) und teilte mir liebenswürdig mit, er werde sie ersäufen. »Sie haben nichts von einem Mörder«, protestierte ich. »O doch«, sagte er lächelnd, »dazu langt mir das Herz.« Da läutete die Schiffsglocke, und er legte den Hammer auf das Tablett mit den Teetassen, ließ die Säge schräg in der Küchentür und verschwand mit dem rituellen »Ich komme wieder«. Die Fliegenschranktür blieb unrepariert, was in Anbetracht der vielen Löcher des Drahtnetzes auch nicht so wichtig war.

Aber obwohl für die Kätzchen immerhin die Aussicht bestand, daß er sie zu eilig und daher nur halb ertränken würde, fühlte ich mich für sie verantwortlich. Doch es erwies sich als schwer, sie zu verschenken. Wem ich sie anbot, der hatte immer selbst schon ein paar Kätzchen zuviel. Ich beschloß, schlimmstenfalls die vier kleinen Katzen mit nach Malaga zu nehmen und sie dort feilzuhalten wie ein Hausierer. Irgendwelche Abnehmer mußte es in einer so großen Stadt doch geben. Zunächst jedoch bat ich das Aufwaschmädchen, oben im Dorf nachzufragen, und versprach ihr eine Prämie für jedes Katzenheim. Sie nickte unmerklich. Es war ein zartgliedriges, schüchternes und temperamentloses Geschöpf, wie es die Mädchen auf dem Lande an der andalusischen Küste sind, ein Mädchen, für das ein Lächeln bereits eine seelische Anstrengung bedeutete, und bei dem man nie wußte, ob es gehört hatte, was man ihm sagte, so wenig schlug der Zeiger des Verstehens in seinen Augen aus.

Das Aufwaschmädchen brachte wirklich alle Kätzchen nacheinander im Dorfe Honigbach unter. Die Katze blieb alleine zurück. Schon wie die Kinderzahl sich verminderte, hatte sie begonnen, uns ihre alte zärtliche Aufmerksamkeit wieder zuzuwenden. Sie schnurrte auch wieder. Trotzdem war es nicht mehr dieselbe Katze. Nicht nur, daß sie viel häßlicher geworden war. Seit langem verlor sie die Haare. Wir fürchteten, sie würde auf den Ohren und an den Schulterblättern noch ganz kahl werden. Auch wurde sie zusehends bräunlicher. Ernstlich krank konnte sie bei alledem nicht sein, denn ihre Milch war den Kleinen vorzüglich bekommen. Sie hatte Zitzen wie die kapitolinische Wölfin, riesige fahlgraue Zitzen in dem immer dünner werdenden dunklen Fell. Aber wir waren ja nicht ihrer Schönheit wegen darauf eingegangen, mit ihr Hauskatze zu spielen. Schlimm war, daß ihr mit den Haaren irgendwie die höfliche Bescheidenheit abhanden kam. Seit sie im Ernst aufgehört hatte, eine herrenlose Katze zu sein, die für jede Gabe dankbar ist, seit sie das Betteldasein und seine Lehren vergessen hatte, hatte sie zu fordern begonnen, was einer wirklichen Hauskatze zusteht.

Ihre Meinungen darüber, was einer solchen Katze gebühre, waren um so hochgespannter, als sie nie Hauskatze gewesen war und daher nicht wußte, daß nur in Sonderfällen die Katze die Hauptperson ist und im Bett der Hausfrau die Nacht verbringt. Sie kam jetzt mit Sonnenaufgang – die Sonne ging auch viel früher auf – und verlangte mit energischer Stimme ihr Frühstück. »Bringt mir eine frische Schale Milch«, sagte sie, »was gestern stehengeblieben ist, soll ein anderer fressen.« Wenn wir uns taub stellten, kam sie halbstündlich und wiederholte ihre Mahnung. Auch sonst war sie anspruchsvoll geworden und maß sich Inspektionsrechte auf dem Spülstein und im Küchenschrank an.

Trotzdem war ich ziemlich bereit, für die letzten Wochen unseres Aufenthalts die Ansprüche der Katze anzuerkennen. Aber sie machte es mir schwer. Zwar lag sie schnurrend auf einem Stuhl neben mir, während ich Schreibmaschine schrieb. Hätte ich sie gebeten, sie hätte gewiß die Pfote aufs Blatt gelegt, damit der Wind es nicht fortwehte. Aber sie blieb nicht lange ruhig, sondern wandte sich in kleinen Abständen mit fragender Stimme an mich. Bald stellte sich heraus, daß sie um medizinischen Rat bat. An sich pflegen Katzen in derartigen Fällen sich an Gräser zu halten. Aber entweder waren die Gräser an dieser Küste nicht heilkräftig genug, oder die Katze fraß die falschen. Wir ließen uns von dem Möwensohn aus der Apotheke des nächsten Orts ein Stopfmittel mitbringen. Es waren grünliche Tabletten. Sie rochen nach Zimt. Tiere unter einem Kilo sollten alle fünf Stunden eine halbe davon bekommen. Was den Geschmack betrifft, so mußte er jedenfalls auf Tiere über einem Kilo berechnet gewesen sein. Die einzige Manier, wie die Katze die Tabletten fraß, war, wenn ich die zerstoßene halbe Pille in eine Kugel aus Speisebrei mit starkem Anchoviszusatz einwickelte. Auch so fraß sie sie nur morgens, wenn sie noch sehr hungrig war. Diese etwas andalusisch fragmentarische Kur hatte denn auch eine höchst unvollkommene Wirkung. Nach einigen Tagen überlegten wir mit dem Möwensohn, ob er sie nicht in den nächsten Ort mitnehmen und dort freilassen wolle. Schließlich würde sie binnen kurzem ohnehin wieder eine herrenlose Katze sein. Aber als wir sie daraufhin mit einem verdächtigen Halsband fanden, einem auf einer Seite offenen Drahtring, nahmen wir davon Abstand, die Hilfe des Möwensohns in Anspruch zu nehmen.

Ich beschloß, die Katze auf meiner nächsten Fahrt nach Malaga loszuwerden. Ich würde sie in der Nähe des Marktes aussetzen, wo sie von den zahlreichen, dort ansässigen herrenlosen Katzen gewiß sofort in die ortsüblichen Unterschlüpfe und Essenszeiten eingeweiht werden würde. Im Vergleich zu dem ungewissen Geschick einer Bettelkatze auf der »Wahrheit« war das eher eine Verbesserung für sie.

Als ich das nächste Mal morgens auf der Landstraße stand und den Autobus aus Algeciras anhielt, fuhr die Katze mit. Auf dem Fischmarkt kaufte ich ihr ein halbes Pfund Sardinen. Aber da weit und breit keine andere Katze zu sehen war – sie kommen erst nachmittags, wenn der Markt geschlossen ist, und räumen auf – und da ich die Katze keinen Schwierigkeiten aussetzen wollte, ließ ich sie in einer Nebenstraße, in einem Haustor. Ich legte das Paket mit den Sardinen vor sie auf den Boden. Die Katze sah mich zärtlich fragend an, wie sie aus dem Korb stieg. Dann machte sie sich über die Sardinen her. Ich hatte ein schlechtes Gewissen, aber ich machte entschlossen kehrt und ging davon. Meine Absicht war, über den Fischmarkt zu gehen, wo sich meine Spur in unwiderstehlichen Fischdünsten verlieren mußte. Doch die Katze war schneller. Ehe ich den Markt erreicht hatte, hörte ich ihre klagende kleine Stimme neben mir. Sie konnte die Sardinen unmöglich aufgefressen haben. Wir gingen zu den Sardinen zurück. Mir schien, daß die Blumenverkäuferinnen an den großen Nelkenständen schon über mich lachten. Ich blieb neben der Katze stehen, streichelte sie und forderte sie auf, weiterzufressen. Die Katze nahm mit sichtlichem Unbehagen einen Fisch ins Maul und verlor mich dabei nicht aus dem Auge. Da kam ein Taxi vorbei. Das war ein seltenes Glück.

Nie hatte ich ein Taxi in den engen Gäßchen am Markt gesehen. Ich stellte mich taub und blind und stieg ein und fuhr zu meinem Zahnarzt, der ganz in der Nähe wohnte. Es war ein solcher Lärm, daß die Klagen der Katze sofort übertönt wurden. Unter das Taxi war sie jedenfalls nicht gekommen, und es konnte nicht ausbleiben, daß sie sich in einer Gegend, in der so viele aufregend riechende Reste herumlagen, schnell trösten würde.

Der Zahnarzt war noch nicht da. Er pflegte erst nach elf zu kommen, wenn der elektrische Strom wieder angestellt wurde. Aber das Sprechzimmer hatte sich, wie jeden Morgen, bereits seit neun Uhr gefüllt. Es war ein ausgezeichneter Zahnarzt, und sicher der schnellste, der je seine Hand in meinem Mund gehabt hat. Es war, wie wenn ein Film zu rasch gedreht wird. Denn um zwei wurde der Strom schon wieder abgestellt. Es mußte sehr anstrengend für ihn sein. Trotzdem bewahrte er das beruhigende Lächeln, ohne das sich in keinem Fall ein Patient einem Zahnarzt anvertraut. Aber man sah deutlich, wie dünn es auf seinem abgearbeiteten Gesicht lag. Er wirkte wie ein Zauberkünstler bei einem kritischen Akt.

Als ich vom Zahnarzt kam, begab ich mich schleunigst zum Einkaufen, denn es war nur noch eine Stunde bis zur Abfahrt des Autobusses. Gerade stand ich im Kolonialwarenladen, da hörte ich – es konnte doch wohl kaum sein –, wie mich die Katze rief. Und da kam auch schon eine schwarze Katze zur Tür herein. Ich mußte unter Verfolgungswahn leiden. Es gibt viele schwarze Katzen in Malaga, sagte ich mir. Aber noch ehe ich mich damit trösten konnte, hatte die Katze mich erkannt und stürzte mit einem heiseren Schrei, in dem sich die Wiedersehensfreude mit einem deutlichen Vorwurf mischte, auf mich los. Sie klammerte sich an mein Bein und stieg an mir herauf wie an einem Baum. Erschrocken kam der Angestellte um die Theke herum gelaufen, denn es war ihm peinlich, daß in seinem Laden eine Kundin von einer wilden Katze angefallen wurde. »Ach nein«, sagte ich, »lassen Sie nur. Es ist meine eigene Katze.« Dann ließ ich mir die Adresse eines Tierarztes geben. Natürlich war es auch nur ein Tierarzt für Tiere über einem Kilo. Er gab mir ein neues Rezept, das die Katze alle vier Stunden einnehmen sollte, in etwas heißer Milch. Am besten Tag und Nacht. Dann fuhren wir nach Hause. Mit einem Taxi. Den Autobus hatte ich versäumt.

Jetzt widmen wir die letzten Tage unseres Aufenthaltes ganz der Pflege der Katze, damit sie wenigstens gesund ist, bis wir abreisen. Denn dann muß sie ihr Bettelleben wieder aufnehmen, und in ihrem Zustand würde sie sich in den Häusern so unbeliebt machen, daß der Möwensohn in einer Anwandlung von Energie sie vielleicht doch noch vollständig ums Leben bringen würde. – In meinem Waschbecken haben wir neuerdings zwei Quallen installiert, eine hellblaue mit einem großen, rot abgefaßten Segel und eine reizende goldene Schirmqualle. Das Becken ist gerade groß genug, daß sie die Fußschnüre unter sich baumeln lassen können. Sie lagen am Strand in der Sonne und fühlten sich schlapp, aber sie haben sich gut erholt. Ich versorge sie mit Algen. Das Wasser ist ohnehin brackig, denn der Brunnen, aus dem es heraufgepumpt wird, liegt gleich am Strand. Aber wenn es auch den Tee verdirbt, die Quallen fühlen sich in ihrem Element. Nur wenn ich mich wasche, müssen sie mit einem Suppenteller vorlieb nehmen. Im übrigen lasse ich nachts immer das Licht über dem Waschtisch brennen, damit sie den Mond nicht vermissen. Das hat auch den Vorteil, daß ich nicht so tief schlafe und mir das Aufstehen leichter wird, um der Katze regelmäßig die Milch mit der Medizin zu wärmen. Die Kur scheint Erfolg zu haben. Aber beinahe freue ich mich auf die Abreise.

Meine Wohnungen – »Mis moradas«

I

»Meine Wohnungen«, »mis moradas« (genau übersetzt: meine Aufenthalte, meine Stationen), das ist fast etwas Paradigmatisches für mich. Außer dem Gehen kommt in meinen Gedichten, zumindest den ersten Bänden, vielleicht nichts soviel vor wie das Wohnen oder Wohnen dürfen. Bleiben dürfen. Die meisten Wohnungen in meinem Leben waren Fluchtwohnungen, Zufluchtwohnungen, oder verwandelten sich plötzlich, aus scheinbar ganz normalen Behausungen. Das steckt einem in den Knochen ein Leben lang.

Ich hänge nicht an den Gegenständen, oder ich denke, daß ich nicht an den Gegenständen hänge. Ich möbliere ja auch mit einem Minimum, mit Ausnahme der Bücher. Bei Wohnungen denke ich an die Wände, und daß ich mich an den Wänden festkrallen möchte. Im Notfall. Aber wenn der Notfall kam, waren die Wände immer zu glatt. Die Hände sind keine Krallen, der Mensch ist kein Affe, er setzt sich auf den Fußboden in eine Ecke und weint. Dann geht er gehorsam die Treppe hinab und zu einer Tür hinaus und dreht sich um, oder dreht sich nicht um, und kommt nicht wieder.

> Du, den jede Wand
> aufgibt,
> und den es oft nach des Zirkuskinds
> fahrbarer Höhle verlangt...

schrieb ich 1956, in APFELBAUM UND OLIVE, dem ersten Gedicht, das ich nach meiner Rückkehr in Deutschland geschrieben habe.

Früher war das natürlich nicht so. Früher wohnte ich bei meinen Eltern in einem Haus auf der Riehlerstraße, um die Ecke herum, wo jetzt Böll wohnt. Wir wohnten im 2. Stock, und mein Bruder und ich wurden ins Erdgeschoß oder ins Hochparterre getragen, wenn Fliegeralarm war, während des Ersten Weltkriegs. Auf dem 3. Stock wohnten Leute, die ihre Söhne zur Strafe zum Fenster hinaushielten, einfach über den Hof: zur Abschreckung. Ich weiß nicht, ob die Söhne so entsetzt waren wie die Mitbewohner. Ich weiß nicht, ob meine Eltern sich eingemischt haben. Es war sonst ein sehr bürgerliches Haus. Das Speisezimmer hatte bunteingelegte Fenster, damit man den Hinterhof und die Brandmauer nicht sah, die man vom Schlafzimmer aus doch gut kannte, und war mit schwarzer Eiche getäfelt. Es hatte eine zusätzliche Heizgelegenheit außer der Zentralheizung, in Form eines Kamins mit Holzscheiten, die aber in Wahrheit Gasröhren waren, auf denen das Feruer dekorativ züngeln konnte. Davor ein dunkles Bronzegitter mit Jugendstilschleifen, wie es der Bauzeit entsprach. Ich erwähne das, weil der Kamin noch da war, als ich an der Haustür mit den fremden Namen klingelte, auf dem gleichen Klingelknopf, die alte verschnörkelte Klinke drückte und die gleiche Marmortreppe zum zweiten Stock stieg, an den bekannten Briefkästen vorbei: als ich 1954 zum erstenmal nach zweiundzwanzig Jahren wieder nach Köln kam. Denn ich bin ja wiedergekommen. Nach zweiundzwanzig Jahren.

Die Wohnung war halbiert. In den vorderen Zimmern, den ehemaligen Wohnzimmern, wohnte eine Schneiderin. Unsere Schlafzimmer und den langen Gang, auf dem wir Stelzen gelaufen und Holländer gefahren waren bei schlechtem Wetter oder Rollschuh, wie die Kinder über uns und die Kinder unter uns, schön gehallt muß es haben, und Turngeräte waren auch auf dem Gang, diesen Teil der Wohnung konnte ich nicht sehen, weil die Bewohner übertag nicht zu Hause waren. Durch die halbierte Diele kam ich ins frühere Eßzimmer, das jetzt gewöhnliche Fensterscheiben hatte, durch die man sofort den Hof und die große, graue Mauer und die Rückwand der

Häuser der Lupusstraße sieht. Ob das Parkett noch da war oder statt dessen der leicht zu pflegende PVC-Belag, weiß ich nicht mehr genau. Nur daß ich mich auf den Fußboden setzte, vor den Kamin mit den falschen Holzscheiten, meinem einzigen Anhaltspunkt. »Verzeihen Sie«, habe ich hoffentlich gesagt, bei diesem für die Frau wie für mich unerwarteten Akt. Ich hatte ja schon an der Tür erklärt, daß es die Wohnung meiner Eltern war, und die meiner Kinderzeit, und sie mußte gleich ausgehen, hatte aber noch ein paar Minuten für mich. Wie ich auf dem Boden saß, genau wie als Kind, und in den Kamin starrte, und sie vielleicht dachte, diese Emigrierten sind doch wirklich nicht mehr wie unsereiner, da sagte ich plötzlich zu ihr: »Zu Weihnachten bekamen wir Meerschweinchen geschenkt. Ein schwarzweißes und ein rotweißes. Die liefen in den Kamin und kamen dann tagelang nicht zum Vorschein. Hier saßen wir und warteten.« »Gestern ist der Goldhamster meines Sohnes in dem Loch verschwunden, das Kind hatte kaum Lust, zur Schule zu gehen«, sagte sie. »Bestimmt kommt er wieder«, sagte ich. »Die Meerschweinchen sind ja auch zurückgekommen.« Alles war plötzlich wie immer. Der einzige Unterschied, daß die Kinder jetzt Goldhamster bekommen, statt Meerschweinchen. Ganz unten wohnte damals ein Spitz, der Fetzen aus meiner Unterhose riß, als ich aufs Fahrrad stieg. Falls überhaupt, wäre es jetzt ein Pudel. Der täte so etwas nicht. Auch die Unterhosen wären heute ungeeignet.

Das Zimmer nach vorne, zur Riehlerstraße heraus, das durch eine fast wandbreite Schiebetür mit dem Eßzimmer verbunden war, und das jetzt offensichtlich als Nähzimmer diente, war in meiner ganzen Schulzeit sicher das wichtigste für mich: Dort stand der hohe glasverkleidete Bücherschrank, ebenfalls aus schwarzer Eiche, und oben drauf eine Bronzebüste, ein Donatellokopf. Rechts war ein schmaler Seitenschrank, in dem Vater die Liköre und die Zigaretten hatte, links Mutters Schrank, in dem sie das Nähzeug und den Schlüsselkorb verwahrte, und ich weiß nicht, was sonst noch alles. (Sie nähte nie, übrigens, zumindest erinnere ich mich nicht. Sie bestickte unsere Kinderkleider, ehe wir zur Schule kamen.) Aber den Schlüsselkorb hatte sie sicher, und als ich noch klein genug war, sah ich von unten, aus der Babyperspektive, daß sie die Schlüssel im Rock stecken hatte. Vielleicht die Wäscheschrankschlüssel. Damals gab es noch viele-Meter-breite Wäscheschränke. Und vielleicht gibt es ja auch heute noch welche, in denen Bettücher mit bunten Bändchen zu Bündeln verpackt sind. Vermutlich sogar. (»Sie haben nur, was Sie brauchen«, sagte vor einiger Zeit eine Zugehfrau tadelnd zu mir.) Genau überlegt, brauchte man damals, im Vorwaschmaschinenzeitalter, mehr Wäsche. Es wurde vierwöchentlich gewaschen, und dann eine Woche lang: wenn die Mietpartei die Waschküche mit dem großen Kessel und das Waschdach bekam. Auch wir Kinder schickten ja später die Wäsche monatlich nach Hause.

Vielleicht waren die Schlüssel auch die Silberschrankschlüssel. Im Eßzimmer standen riesige schwarze Möbel, aus dem Nürnberger Deutschen Museum kopiert, und darin lagen in rotem Filz die Bestecke, und die Servierbestecke, und was man damals zur Heirat geschenkt bekommen hatte und noch von Eltern und Schwiegereltern dazu erbte. Und das Rosenthalporzellan mit dem goldenen Randstreifen (oder war es Meißen), das außerordentlich modern gewesen sein muß, denn ich stelle es mir heute noch chic vor. Benutzt wurde es nur zwei- oder dreimal im Jahr, bei den förmlichen Einladungen. In diesen Schränken gab es auch die großen Keksbüchsen, was sicher allein ein Grund war, die Schlüssel abzuziehen. Einen Teil des Silbers und des kostbaren Porzellans, wie auch der Perserteppiche, bekamen wir unsrerseits zur Hochzeit geschenkt, bei unserem Einzug in die Via Monte Tarpeo. Und das war ein Glück, denn wir konnten davon den Transport unserer Bücherkisten und von ein paar Möbelstücken bezahlen, bei unserer zweiten Auswanderung von Italien nach England. Die Teppiche nahmen wir mit und haben sie erst bei der nächsten Etappe eingebüßt. Was aus den elterlichen

Möbeln wurde, weiß ich nicht, nur daß sie in Holland, wo sie untergestellt waren, sachte abhanden kamen. Und das bemerkte man kaum inmitten all der Aufregungen.

Den großen Bücherschrank und auch die elterliche Bibliothek habe ich nicht wiedergesehen, sie verschwanden mit dem Rest, Meyers Klassiker, meterweise, darunter unersetzliche Ausgaben, wie Elsters Heine. Ich las mich durch die Reihen durch, 12 oder 15 Meter (mit Ausnahme von Schlossers Weltgeschichte ganz oben, Freytags *Ahnen* z. B. las ich ganz) und wurde ein in der Schule gefürchtetes Kind, weil ich alles immer schon gelesen hatte, und mehr als verlangt wurde. Damals behielt ich alles in erschreckender Genauigkeit. Im untersten Fach lag, in Stapeln und nicht mehr in Reihen, die neueste Literatur. Weniger komplett, wie ich annehme. Immerhin gab es Hermann Hesse, die beiden Manns, die beiden Hauptmanns, die Colette und auch ein streng verbotenes kleines Buch von dem Soziologen Leopold v. Wiese, Bennos Vater, das viel Aufsehen erregte, und in dem eine nackte Tote in einen engen Brunnen gepfercht wurde, weswegen ich es nicht lesen durfte. Verbote, die mehr der Form wegen ausgesprochen wurden. Niemand zog den Bücherschrankschlüssel ab, höchstens die an den schmalen Seitenschränken. Und die waren für mich uninteressant.

Die eine Seite des Zimmers diente meinem Bruder und mir als Tanzzimmer. Wir rollten die Teppiche zwischen Eßzimmer und ›Herrenzimmer‹, wie es sich nannte, auf, und tanzten eine Zeitlang täglich. Im Eßzimmer zogen wir den großen Tisch aus, dann war er gut fürs Pingpong. Als ich noch kleiner war, bumste ich mit einem Wagen oder einem fahrbaren Spieltier gegen den großen Schreibtisch der Eltern und zurück, was mir einen solchen Spaß machte, daß ich es noch heute weiß. Dabei war ich sicher noch nicht türklinkenhoch. Wenn ich daran zurückdenke, so haben wir offenbar in allen Räumen spielen dürfen, wenigstens solange mein Vater im Büro war. Das war er praktisch den ganzen Tag, mit Ausnahme der Mittagspause.

Daneben hatten wir noch das Kinderzimmer, das uns allein gehörte, wo wir Aquarium und Terrarium hielten mit sehr sterblicher Bevölkerung, und wo wir Pferderennen veranstalteten auf unsern Schaukelpferden, die an sich zwar nur schaukelten, auf denen sich aber doch auch schaukelnd vorwärtskommen ließ. Ich hatte den Apfelschimmel Wotan von meinem Vetter geerbt. Wotan hatte richtige Haare und war groß und langsam. Das kleine Holzpferd meines Bruders, eine Art Schaukelstuhl mit Pferdekopf, war weit beweglicher, aber dafür weniger Pferd. Das Kinderzimmer hatte, wie alle Kinderzimmer, einen Schrank mit Spielsachen, und daneben die zwei Seitenschränke, nach dem beliebten Schema. In dem einen waren unsere Kindermäntel. Und ein jähzorniges Kindermädchen schloß mich, als die Eltern verreist waren, in dem engen Schrank ein und schloß die Tür zu, so daß ich beinahe erstickt wäre. Es soll eine auffallend schöne Frau von sanfter Schönheit gewesen sein, Meta mit Namen. In dem andern hatte ich, oder wir beide, Schulbücher und Aufgabenhefte.

In dem Kinderzimmer verbrachte ich viel Zeit am Fenster, besonders im Winter, um die dicken Kohlenpferde nicht zu versäumen, die mit viel Ächzen in die richtige Position gebracht wurden, wo der Wagen umkippen und die Kohle in den Keller geschaufelt werden konnte. Von oben versuchte ich mit Geschrei und Tränen die armen Tiere zu beschützen, die bei der Prozedur oft hinfielen und dann fürchterlich verprügelt wurden, was ihnen angeblich half, auf dem glatten Boden hochzukommen. Ich freute mich, als sie von den ersten Kohlenautos abgelöst wurden.

Von dem Zimmer in der Mitte zwischen dem ›Herrenzimmer‹ und dem Kinderzimmer, dem sogenannten ›Salon‹, wo Mutters Flügel stand, benutzten wir praktisch nur die Eckbalkone und auch nur den rechten, zum Deutschen Ring zu, vermutlich, weil er mehr Sonne hatte.

Aber wie ich von dem ›sogenannten Salon‹ und dem ›sogenannten Herrenzimmer‹ schreibe, fällt mir auf, daß ich in einer Wohnung der ›temps perdus‹ zur Welt kam, einer Einrichtung wie bei Proust, ganz nach französischer Sitte. Die Fenster wurden damals auch noch ›französische Fenster‹ genannt, zum Unterschied von den breiten Schiebefenstern im ›Herrenzimmer‹, die sehr unhandlich und ›englische Fenster‹ waren, aber nur in der Mitte, rechts und links die ›französischen‹ – also die noch heute üblichen –, die bequem aufgingen. Das ›Herrenzimmer‹, das ich das ›sogenannte‹ nenne, war wohl als Rauchzimmer gedacht, und vor dem Ersten Weltkrieg rauchten ja die Frauen auch nicht, sondern nach dem Essen zogen sie sich vermutlich, wie bei Proust, in den ›Salon‹ zurück, etwas, was, zumindest seit ich groß genug war, um bei Einladungen – in der Küche – aufbleiben zu dürfen, bei uns nicht mehr stattgefunden hat. Zwar stand der Rauchtisch da, aber die großen Klubsessel und die vielen Aschenbecher verschwanden, und die Gäste gingen auch, in Abendkleidern und Smoking oder Frack, gemeinsam in den ›Salon‹, um Mutter und andern Sängern und Sängerinnen oder Pianisten zuzuhören.

Diese drei Zimmer zur Straße waren völlig verändert, auch die Stuckdecken im Jugendstil waren verschwunden, und ich erinnere mich nicht mehr an das Wiedersehen mit ihnen, das im kommenden Jahr auch schon wieder zwei unvorstellbar lange Jahrzehnte zurückliegt.

Seither bin ich immer nur an dem Haus vorbeigegangen, aber nie wieder hinauf. Ich sehe dann die kleinen Balkone an, mit dem neugotischen Fischblasenmuster aus rotem Sandstein, zwei winzig kleine Balkone, auf denen sich unsere Tiertragödien abspielten. Ich hielt dort Kaninchen, oder versuchte doch, sie dort zu halten, nachdem es im Kinderzimmer und auch im Flur nicht mehr ging, wegen des beißenden Geruchs ihres auf dem Linoleum so hübsch schillernden Urins. Auch ein junger Hund, der jaulendes Heimweh nach seiner Mutter hatte, kam auf den Balkon, von wo er die Polizisten herbeischrie, früh am Morgen, weil es die Nachbarn so wenig ertrugen wie meine Eltern. Alle Tiere, die einmal auf den Balkon kamen, wurden an Kinder verschenkt, die einen Garten hatten. Die Kinder von Vaters Bürovorsteher erbten auf diese Weise viele meiner Tiere und wurden von mir sehr beneidet. Nur der große bunte Ara, der die Filetvorhänge im Wohnzimmer heraufhangelte und uns damit modernere verschaffte, brachte es nicht einmal zum Balkon, er war ja ein tropisches Tier, und wurde sofort an die Tierhandlung zurückgegeben.

Kürzlich fuhr ich an dem Hause vorbei. Gerade wunderte ich mich noch, daß Böll chauffieren kann, da waren wir schon um die Ecke, und ich vermißte den Mandelbaum am Eingang. »Ja, da steht jetzt die Mülltonne«, sagte er sofort, denn er hatte den Mandelbaum gekannt. (Es ist aber, denke ich, nicht der ›Wohlstandsmüll‹, oder nicht nur der. Sondern weil heute so selten geleert wird. Damals kam die Müllabfuhr täglich. Und auch die Verpackungen waren kleiner und wurden mehrfach benutzt. Die Milchflaschen zum Beispiel. Der Müll war geradezu zierlich, im Vergleich zu heute. Alles der Mangel an Arbeitskräften, auch das Einsiegeln statt Abwiegen der Lebensmittel. Und also doch der Wohlstand. Und daß die Löhne menschenwürdiger sind.)

Die riesige Mülltonne würde den Kindern auch nicht mehr erlauben, auf der kleinen Gittertür hin- und herzuschwingen, wie wir es taten, und wie man es noch im Jahre 1954 hätte tun können, genau wie in den 20er Jahren.

Die Balkone flankierten den ›Salon‹, in dem im Krieg die Würste hingen, die Vater nach Hause schickte, mit bunten Postkarten, auf denen viele Pappelbäume zu sehen waren und die wir in Alben klebten. Nachdem er Vorratskammer gewesen war, wurde er zusammen mit den andern vorderen Zimmern an die englische Einquartierung abgegeben. Ich erinnere mich nur, daß der englische Unteroffizier, der dort wohnte, in unserer Küche seinem kleinen Fox Ohren und Schwanz kupierte, eine blutige Angelegenheit. Und daß wir dann Keuchhusten und die Wohnung wieder für uns hatten, weil Keuchhusten so ansteckend ist. Damals wurde der ›Salon‹ wieder Musikzimmer.

Meine Mutter war als Sängerin ausgebildet, durfte aber nicht zur Oper. Ein einziges Mal war sie ausgekniffen und als Mignon aufgetreten, noch in Frankfurt. Dann nie wieder. Ich saß unter dem Flügel, während sie übte, und galt als unmusikalisch. Vor Gästen durfte Mutter singen. Irgendwann sang sie ein englisches oder französisches Lied, vermutlich ein englisches, denn sie hatte einen großen Teil ihrer Mädchenjahre in England verbracht. Da gingen die Gäste türeschlagend davon, was nach dem Zweiten Weltkrieg kaum vorstellbar gewesen wäre. (Übrigens fand diese Szene vielleicht in den Ferien und nicht in der Riehlerstraße statt.) Auch die Französisch- und die Englischlehrerin an unserm Gymnasium hatten es schwer, sie wurden von vielen Kindern und vermutlich auch von Kollegen verachtet, und das bis zu meinem Abitur, also noch mehr als ein Jahrzehnt nach Kriegsende. Und beim Abitur wurde ich ja auch für meine Begeisterung für Paneuropa vom Schulrat bestraft. Die Weimarer Republik war weniger demokratisch, als man denkt.

Als ich zu studieren anfing, zog ich daraus die Konsequenzen. Als Mutterkind ging ich von zu Hause fort. Als Mitglied der sozialistischen Studentengruppe kam ich aus dem Semester zurück, ungeheuer selbständig. »Familiensachen interessieren mich nicht mehr«, erklärte ich schon auf dem Bahnhof, mit der auch heute in diesem Alter üblichen Unmenschlichkeit. »Mich interessiert nur noch die Menschheit.« Die Ferien über saß ich auf dem kleinen Balkon, ökonomische Theorie lesend. Keineswegs nur Marx, ich informierte mich gründlich. Später hatte ich eine Arbeitsgemeinschaft mit Arbeitern und Studenten in dem ›Herrenzimmer‹, das das Wohnzimmer meiner Eltern war. Ich konnte damals nicht ausgehen, ich hatte eine schwere Wunde am Kopf, denn ich war in Brand geraten, als ich mit Zelluloidwickeln in den Haaren die *Weltbühne* vor einer Heizsonne las. Daher gingen meine Eltern fort und überließen mir einmal die Woche ihr Zimmer. Als erster kam ein Vorarbeiter aus meines Onkels Fabrik, der sich zunächst in meines Vaters Ohrenstuhl etwas fremd vorkam, aber dann vergaß er es. Wir lasen *Das Kapital* von Deckel zu Deckel, nicht nur die Schlagworte, wie man es heute gern tut. Als ich gesund war, ging ich in viele Versammlungen, auch die der Nazis in der ›Hasenheide‹ in Berlin. Da entschloß ich mich, vor der Machtübernahme auszuwandern, die ich ›kommen sah‹, was mir den Vorwurf des ›Schwarzsehers‹ eintrug, wenn auch nicht von meinen Eltern.

Im übrigen sind meine Eltern nicht von diesem Haus aus ausgewandert, sie verließen es, kurz nach meiner Abreise, die für sie eine ›Abreise‹ und für mich die Auswanderung war. Wobei ich nach einem halben Jahr schon recht behielt. Sie zogen in eine kleinere, modernere Wohnung nach Braunsfeld, von der ich nur den Rohbau sah und zu der ich auf einer Leiter hinaufstieg, bevor ich Deutschland verließ. Ich bekam ein Zimmer dort, natürlich. Meine Mutter schickte mir die Stoffmuster für meine Couch und die Vorhänge, und auch die Tapete. In das Zimmer, das ich nie gesehen habe, stellte sie immer frische Blumen, schrieb sie. Die Möbel wurden von einem ›Fluchthelfer‹ nach Holland gebracht, während meine Eltern an ihrem Silbernen Hochzeitstag einfach einen Ausflug über die Grenze machten. Dann wurde mein Vater krank, natürlich, aber ich rede ja von den Wohnungen.

»Was fällt Dir ein zu unserer Wohnung in der Riehlerstraße?« fragte ich meinen Bruder. »Der kleine Balkon«, sagte er. »Mutter stand immer auf dem Balkon und winkte, bis ich an der Domstraße war. Ich hätte mir die Straße manchmal kürzer gewünscht«, sagte er. Ich erinnerte mich nicht, vielleicht, weil ich meist mit dem Rad zur Schule fuhr. »Sicher haben wir ganz andere Erinnerungen«, sagte er. »Die Wohnung war ja auch gar nicht interessant. Interessant waren deine Wohnungen in Florenz und Rom.«

Von unserer florentinischen Wohnung in der Via Camporeggi, wo wir beide den Doktor machten und wo wir ein Jahr unter erzählenswerten Umständen zur Untermiete wohnten, erzähle ich nicht. Dieser Bericht über die ›Wohnungen‹

könnte sonst leicht zu einer regelrechten Biographie, einem eigenen Buch, ausufern. Und das darf er nicht, zumindest nicht heute. Denn dies MS muß am 2. Januar im Verlag sein.

Daher übergehe ich auch, wieso wir, als unser Studienaufenthalt in Italien sich im Frühjahr 33 als das erwies, was er von Anfang an gewesen war, nämlich als Auswanderung, wieso wir da nicht in das intellektuell so verlockende Spanien weiterwanderten, wo wir prompt in den Bürgerkrieg geraten wären. Wir waren schlechte Mathematiker, und Spanien erkannte unser Abitur nicht an, im Gegensatz zu Italien. Überdies war die römische Antike ja das spezielle Arbeitsgebiet des einen von uns. Der andere schlug sich ins Gebüsch der Staatstheorie der Renaissance, was noch den Vorteil hatte, daß sich unsere Arbeitsgebiete näherrückten.

II

Meine römische Wohnung habe ich auch wiedergesehen. Den Rest des Gartens und die Felsen, auf denen das Haus gestanden hatte. Es hatte schon auf dem Piano Regolatorio, dem Urbanisationsplan, gestanden, als wir einzogen, 1936. Und kaum waren wir ausgezogen, unfreiwillig genug, da wurde die Via Monte Tarpeo hinter uns abgerissen.

Es war unsere erste Wohnung überhaupt, etwas, was man leer mietet, wofür man einen Vertrag unterschreibt, und was man dann mit Möbeln vom Flohmarkt, dem ›Campo dei Fiori‹, und von den umliegenden Althändlern bewohnbar macht. Nach beiderseitigem Doktorexamen hatten wir gerade geheiratet und konnten ordnungsgemäß einen Mietvertrag unterzeichnen, was uns fast so unheimlich war wie die Heirat selbst.

Vorher hatten wir immer zur Untermiete gewohnt: bei den gleichen Vermietern, in Rom und auch in Florenz. Diese bloße Tatsache, die wir nicht unterschlugen, verschloß uns damals die Türen der sogenannten anständigen Kreise, also auch der Romdeutschen, was uns ziemlich gleichgültig war, sonst hätten wir ja den Schein gewahrt.

Wir zogen ein in die Wohnung der Eleonora Duse. Immer habe ich mit Wohnungen ein besonderes Glück gehabt. Ich traue mich kaum, es hinzuschreiben. Die Wohnung war bereits versprochen, als wir davon hörten, aber die vorige Bewohnerin erwartete ein Kind. Das Kind zögerte, es wurde ein Zehn- oder Elfmonatskind, sie mußte sich verrechnet haben. Die andere Partei verlor die Geduld. Wir warteten in einem möblierten Zimmer im Babuino, wir durften unterschreiben und einziehen. Also in den obersten Stock des höchsten Hauses der Via Monte Tarpeo. Im Parterre wohnte der ›russische Mallarmé‹, Wjatscheslaw Iwanow. Auch Emigrant, Graezist im Germanicum, bei den ›Krebsen‹, wie sie wegen ihres roten Gewandes genannt werden. »I Gamberi«. Unten im Hausflur war eine Marmortafel, die an die Duse erinnerte. Die Duse hatte den ganzen Oberstock bewohnt, zur Straße hin hatte sie noch den Blick auf St. Peter gehabt. Wir bekamen die schönere Hälfte, dem Palatin gegenüber. Ein hundertjähriger Glyzinienbaum rankte sich hoch bis zu unserer schmalen Terrasse, auf der in einem Stück ausgedienten Ofenrohr Damayanti, die Fledermaus, wohnte, die nachts mit kleinen Orangenstückchen gefüttert wurde. Nach Westen ging die turmartige kleine Vierzimmerwohnung, von der wir zwei Zimmer an einen tagsüber abwesenden Büromenschen vermieteten, auf Tiber und Aventin. Es war so hell von der Nachmittagssonne, daß ich ganz mechanisch den Lichtschalter drehte, aber dann ging die Birne an statt aus, obwohl man es in all der Helligkeit kaum merkte.

Es war eine aufregend schöne und auch sehr treppenreiche Wohnung. Erst die Cordenata hinauf zum Kapitol, wo in Michelangelos Saal, im Konservatorenpalast, die zivilen und also auch unsere Heirat stattfand, und dann bis in den 4. Stock dieses höchsten Hauses der Straße, noch einmal 98 Stufen. Wir hatten dort eine furchtbare Zeit, ganz wie übrigens auch die Duse: unvergeßbar.

Es riecht nach den Glyzinien
der Via Monte Tarpeo,
Marc Aurel ist wieder unser Portier.
Des Abends vergoldet die Sonne den Tiber,
dann singt uns die Nachtigall am Palatin.

Das schrieb ich gute zwanzig Jahre später, in Spanien, als ich das *Wunschhaus* zusammensetzte in ICH LADE DICH EIN[1].

Den Kopf des d'Annunzio, allerdings, den uns ein befreundeter Bildhauer als Hochzeits- und Einzugsgeschenk gab, eine kleine Silberbüste mit markanter Kopflinie (der Dichter soll sich, als ihm diese Büste Jahre zuvor präsentiert wurde, aus Begeisterung für die eigene edle Kopfform die Haare abrasiert haben, man erinnert ihn ja auch nur mit nacktem Kopf, was sich unser Freund zugute schrieb), dieses zweifelhafte Geschenk verkrafteten wir ohne weitere Folgen. Vorsichtshalber stellte ich den Kopf hinüber ins Zimmer des Mieters, wo ich nur nachmittags mit ihm zusammenkam, wenn ich dort Sprachunterricht gab.

Es ist bekannt, daß Eleonora Duse dem d'Annunzio das *Fuoco* abkaufte, es kostete sie ihr ganzes Vermögen. Er schrieb den Roman neu. Sie starb in Armut. Dieser Handel hatte, so hieß es, in unserer Wohnung stattgefunden. An die Duse erinnerte die sechsteilige verstellbare Spiegelwand, die unser beider Zimmer trennte, und die man so stellen konnte, daß man den Palatin und die Glyzinien im Zimmer hatte. Und den Bewohner des Nachbarzimmers an seinem Schreibtisch auch. Dies raffinierte Spiegelsystem soll sie zu Proben benutzt haben. In dem von uns abgetretenen Teil der Wohnung lief in dem einen Zimmer ein breiter Spiegelstreifen oben um die eine Zimmerseite. Durch welchen Trick er den Effekt einer Spiegeldecke zu ersetzen oder zu übertreffen gemeint war, wurde uns nie recht klar. Das kleine und kokette Badezimmer hatte sie von oben bis unten mit geschliffenen elfenbeinfarbe-

---

[1] *Nur eine Rose als Stütze*, S. 32 ff.

nen Porzellankacheln auslegen lassen. Badewanne und Badeofen allerdings hatten ausgedient, und der sehr eigenartige Hausherr willigte ein, als wir ihm eine auf dem ›Blumenmarkt‹ angebotene fast neue Wanne vorschlugen. Den von meiner Mutter geschenkten elektrischen Wasserheizer benutzte zu seiner großen Zufriedenheit unser Untermieter, der Frühaufsteher, so daß wir in diesem eleganten Raum meist kalt duschten. Dafür hatten wir ›Habakuk‹, den tapferen kleinen Dauerbrenner auf dem Flur, der die ganze Wohnung heizte, so daß sich die Wand hinter ihm in Blasen abblätterte, gleichgültig wie starke Asbestplatten wir dort anbrachten. Sicher war es die bestgeheizte Wohnung diesseits des Forums. Und die Ameisen kamen von weither in einer langen Linie heraufgeklettert, um sich im Winter bei uns zu wärmen.

Ganz unten mündete der Glyzinienbaum in einen winzigen Garten, der zur Wohnung Iwanow gehörte. Kaum waren wir eingerichtet, so kamen Iwanows herauf, um uns ihren Antrittsbesuch zu machen. Voran die hohe, leicht gebeugte Gestalt des alten Dichters, mit weißem Haarkranz, eigensinnigem, leicht gerötetem Gesicht, klaren und stechenden Augen, und mit einer Melone alten Schnitts über den herabhängenden Haaren, die er auch im Zimmer nicht absetzte, wie es vielleicht, dachten wir damals, die Russen im Winter tun. Danach kam die Tochter, eine blonde, etwas schlaksige Pianistin, mit einem Gesicht wie aus Holz geschnitzt und einer im Winter immer rot angelaufenen Nase. Ihr folgte die puppenhaft kleine zarte blasse Doktorin der Philosophie, seine lebenslange Assistentin, eine Frau, die alles konnte, alles wußte, und zugleich anwesend, aber vor lauter Unauffälligkeit auch nicht anwesend war. Sie wurde ›Flamingo‹ genannt, ›der Flamingo‹, warum habe ich vergessen. In ihr konnte man nachschlagen wie in einem Lexikon. Iwanow fragte, wo steht es, Flamingo: bei Aristoteles oder bei Platon oder wovon gerade die Rede war. Und sie gab die Ziffern genau an, nach der maßgebenden Ausgabe, auswendig. Es wäre unmöglich zu beschreiben, was sie bei dieser oder irgendeiner anderen

Gelegenheit trug. Es spielte einfach keine Rolle bei ihr, ohne daß sie deshalb schlampig gewesen wäre. Vermutlich war es etwas Dunkles. Als wir sie wiedersahen, nach 25 Jahren, trug sie einen eleganten Pelzmantel, einen Persianer, was mich geradezu aufregte an ihr.

Hintereinander kamen die drei ins Zimmer, im Gänsemarsch, und der Hut auf dem bedeutenden Kopf des alten Mannes, eines der berühmtesten lebenden Dichter, und die Verschiedenartigkeit der Frauen und das Zeremoniöse des Einzugs machten auf uns einen starken Eindruck. Den alten Iwanow dagegen interessierten mehr noch als die neuen Mitbewohner die Bücher, die die Wände füllten, wie immer bei uns. Er hatte die seinen bei der Flucht verloren.

Wir hatten sie uns nachschicken lassen, aus Heidelberg, aus Frankfurt, aus Köln. Unser Einzug wurde damit sofort wichtig für ihn, die Freundschaft zwischen dem obersten und dem untersten Stock ergab sich ganz von selbst. Als wir den Gegenbesuch machten, war es freilich weniger zeremoniös: Ein Pantoffel flog durch die Luft, gerade wie die Tür aufging. Der jähzornige alte Herr hatte ihn nach Flamingos Kopf gezielt. Ich sprang zurück, sonst wäre ich in die Fluglinie gekommen.

Dort unten tranken wir Tee, dort wurden Gedichte gelesen und diskutiert, dort lernte ich in einem Krankheitsfall die russische Hilfsbereitschaft kennen, die mit keiner Hilfsbereitschaft zu vergleichen ist, die ich je im Leben von Fremden erfahren habe. Außer, wieder, von einer Russin.

Auch die Hausherren, die im Stock unter uns wohnten, waren Leute, von denen sich manches erzählen ließe. Sie gingen in ihre Villa in den Albanerbergen, in den Tagen, als wir das Haus verlassen mußten, denn wir taten ihnen zu leid. Und dem Anblick dessen, der einem leid tut, geht der Mensch aus dem Wege. Ich aber saß auf dem Fußboden in der leeren Zimmerecke, wo mein Bett gestanden hatte, und mochte nicht aufstehen.

Und die Packer, die die Möbel hinaustrugen und die schweren Bücherkisten, die nach England geschickt wurden – wofür der Erlös des elterlichen Silbers und Porzellans gerade ausreichte, denn Bücher hatten wir noch dazugekauft, von andern, die gleich uns das Land verlassen mußten und die Bücher hinter sich ließen –, die Packer schüttelten die Köpfe und sagten wieder und wieder: »Il mondo gira, signora, il mondo gira«. Was soviel heißen sollte, wie daß die Erde sich dreht, was sie ja tut, und daß auch wieder andere Zeiten kommen. Was schließlich eine Frage der Lebensdauer ist. Und wie ich da auf dem Fußboden in der Zimmerecke saß und weinte, war ich kaum mehr als halbenwegs zwischen 20 und 30. Und der Diener des Hausherrn sagte: »Gut, daß die Gnädige abgereist ist, sie hätte das nicht sehen mögen.«

Zwischen dem Einzug mitsamt dem Auftritt der drei Iwanows und diesem Abbruch lagen nicht mehr als zwei Jahre, obwohl sie mir schon immer viel länger vorkamen. Es passierte damals sehr viel. Der Einzug Hitlers in Österreich, zum Beispiel. Der Besuch Hitlers in Rom und die Gründung der ›Achse‹ Rom–Berlin, der Einzug Hitlers in die Tschechoslowakei. Jedes dieser Ereignisse hatte für den deutschen Emigranten unmittelbare Wirkungen. Der Spanienkrieg, der abessinische Krieg, das kam alles in Gang in diesen Jahren, die zum Platzen voll waren mit scheußlichen Ereignissen. Dabei gab ich von morgens bis abends, sozusagen von 8 Uhr 30 bis 8 Uhr 30, Deutschunterricht, morgens außer dem Hause, mittags zu Hause. Denn immer mehr Italiener lernten Deutsch, je übler die politische Lage für uns wurde. Während mein Mann sich seinem Arbeitsgebiet, der römischen Religionsgeschichte, widmete und zwischen den Jahrtausenden pendelte: von den ›Augenblicksgöttern‹ und ›Aktgöttern‹ in die späten 30er Jahre, die immer störender wurden, und zurück. In immer kürzeren Abständen kam die Polizei und ließ sich die Papiere zeigen. Und morgens auf der Piazza Venezia begrüßte der Geheimpolizist meinen Mann mit der Bemerkung: »Professore, Sie haben heute nacht ja wieder lang gearbeitet«, denn unser Haus war sehr exponiert, und bei offiziellen Feiern auf der ›Via dell'Impero‹ wurde der Dachschlüssel eingezogen.

In der Wohnung gab es einen kleinen schlauchartigen Abstellraum, ein bugigattolo, ein Katzenloch, wie das auf italienisch heißt. Dort standen im Schrank die kleinen Handkoffer, gepackt und fertig, mehrere Wochen. Oder war es eine Woche. Endlose Tage. Wir verließen vor 5 das Haus, denn vor 6 kommen sie ja, wenn sie einen abholen, und fuhren mit der ›Circolare Rossa‹ oder der ›Nera‹ rund um Rom. Und trafen um 8 unseren Mieter in der Bar an der Piazza Venezia, wo wir alle drei dann frühstückten: einen cappuccino und einen brioche, wie man es in Italien tut. Dann begannen wir den Tag, als sei alles normal. Eines Abends hielt ich es nicht mehr aus. Wir entschlossen uns in einer Stunde, ließen alles im Stich und fuhren nach Sizilien, spät in der Nacht. Pünktlich am nächsten Morgen kamen sie, um uns ins Gefängnis abzuholen, wohin alle Hitlergegner und Hitleropfer versammelt wurden, während Hitlers Rombesuch. Voll solcher Episoden, eine nach der andern, waren die zwei Jahre, die wir in der Wohnung der Duse verbrachten, die dort gleichfalls eine Hundezeit gehabt haben muß.

> Des Abends vergoldet die Sonne den Tiber
> dann singt uns die Nachtigall am Palatin.

Ja, es ist wahr, wir haben dort glückliche Augenblicke gehabt. Nein, auch das ist verkehrt. Es war eine glückliche Zeit, aus der wir ununterbrochen aufgeschreckt und aufgejagt wurden. Für uns, die wir jung und zusammen waren, die wir jeden Morgen die Sonne über Forum und Palatin aufgehen sahen, über der großartigen und geliebten Stadt, und die wir abends miteinander lasen, was er tags geschrieben hatte, war es eine anstrengende Zeit, in der wir jeweils nur kurze Strecken lang eine Kontinuität mit uns selber bewahren konnten. Versucht haben wir es immer wieder. Objektiv und von außen gesehen, war es eine Hundezeit. Im Politischen wie im Ökonomischen. Aber nur von außen. Nur objektiv.

Der Hauskomplex, in dem jetzt das Finanzamt ist und der anschließt an das kleine kapitolinische Postamt, ist das einzige, was steht von der einstigen Via Monte Tarpeo, der Straße, in der Iwanow lebte und die Duse und auch Rilke (Mommsen wohnte gerade um die Ecke) und die 1939, noch vor Kriegsausbruch, abgerissen und vergärtnert wurde. Wer sich mit dem Rücken zum Finanzamt stellt, der erkennt im Arm der Kurve, in der die neuangelegte Straße hinabführt in die einstige ›Via della Consolazione‹ und zum Forum, noch den kleinen Garten der Iwanows mit seiner Zypresse, dort wo das Haus Nr. 69 mehrere Jahrhunderte stand.

Übrigens habe ich von der kleinen alten Portiersfrau von nebenan, Angelinoca (›olle Angelika‹ kann das übersetzt werden), das Kochen gelernt. Und ich koche nicht schlecht.

III

In dem Haus, das wir mit meinen Eltern bald nach Kriegsausbruch in Minehead, Somerset, am Bristol Channel bezogen, und wo sie die zwei Zimmer unten, wir die zwei Zimmer oben bewohnten, während ich dort Lehrerin am St. Aldwyn's College war und Italienisch, Französisch, vielleicht auch Latein unterrichtete, in meinem noch unvollkommenen Englisch (Deutsch war nicht gefragt, natürlich), wohnten wir sehr kurz, kaum mehr als ein halbes Jahr. Die Glyzinienstöcke, die wir aus Heimweh nach dem römischen pflanzten, sahen wir nicht mehr blühen, und auch die anderen Sträucher und Blumen nicht, die wir zum Teil aus den Wäldern mitbrachten, wo ja Rhododendren und Fuchsien wachsen, in diesem Klima, das mild ist wie das Irlands. Wir trugen die Bücher treppauf, eine Kette bildend, zu viert. Denn die Treppe war zu eng für die Kisten. Und wir brachten die Bücher treppab, wo sie unten in der Garage (Platz war da, Auto hatten wir keins) wieder in die Kisten verpackt wurden. Einige mehr, natürlich, es waren ja englische dazugekommen.

Das war das letzte Mal, daß ich meinen Vater gesehen habe, wie er uns half, die Bücher zu verpacken. Wir taten, als sei es etwas Lustiges und zitierten dazu Schillers Glocke. Die Löscharbeiten.

Dazwischen hatten wir in möblierten Zimmern verschiedener Art gewohnt, in Rom noch, in London, in Oxford, und erst auch in Minehead. Alles ganz kurz. In Minehead bei dem Gärtner, der die Weinreben mit Blut düngte, im Herbst. Ich weiß nicht mehr von welchem Tier. Aber es regte mich sehr auf, und es kommt vor in WEN ES TRIFFT, das ich im Oktober 1953 auf Vinalhaven, einer Insel in Maine, schrieb, vor unserer Rückkehr über den Atlantik:

> So wird er ausgesucht
> und bestraft
> und muß den Staub essen
> auf allen Landstraßen des Betrugs
> von den Sohlen aller Enttäuschten,
> und weil Herbst ist
> soll sein Blut
> die großen Weinreben düngen
> und gegen den Frost feien.

Das war das letzte, was ich schrieb, vor unserer Rückkehr nach Europa 1954, nach Deutschland, wie ich damals dachte und weiterhin denke. Also nach Hause, wo ich dann kurz darauf die elterliche Wohnung in Köln wiedersah, und zu meinem Trost hörte, daß das Kind, das jetzt Kind ist, wo ich Kind war, statt des Meerschweinchens einen Goldhamster durchs Zimmer laufen läßt.

IV

Unser Haus in Santo Domingo haben wir auch wiedergesehen. Nach genau 20 Jahren, im Frühjahr 1973. Wir kamen gerade noch rechtzeitig, es war schon geräumt und soll einer

Klinik Platz machen, wir lasen das Plakat mit dem Namen der Klinik und der Architekten, als wir vom Flughafen vorbeifuhren, auf dem Weg in das neue Hotel, das steht, wo früher nur Bananen- und Yuccaplantagen und ein paar Hütten waren und wo jetzt eines der neuen Villenviertel ist.

Vaterland...
auf der Erinnerung geräumigem Tablett
zwei oder drei beinahe-Städte[2]

Die beinahe-Stadt ist eine Millionenstadt geworden. Das Haus, das damals weit draußen lag, ist nahe an die Innenstadt gerückt, durch die großen Erweiterungen. Selbst der alte Flughafen, der nach unserer Ankunft gebaut wurde, als auch die letzten Passagierdampfer versenkt und die Antillen nur noch per Flugzeug erreichbar waren, ist heute mit Villen bestellt und zentraler als unser Haus damals. Der jetzige Flughafen ist herrlich gelegen an einer Korallenbucht, die damals der beliebteste Badeort war, der wiederum durch einen noch entfernteren ersetzt ist. Eine regelrechte Autobahn führt dorthin, wo früher ein Auto hopsen mußte, den Palmensaum am Meer hat man stehen lassen und in eine Art Park umgewandelt. Die Ankunft ist verwirrend großartig jetzt. Wir waren 1940 inmitten von Zuckerfeldern an einem kleinen Landesteg angekommen, wie ich es in dem Brief an Günter Eich beschreibe (und auch in dem Bericht von der INSEL UND DEM EINOHRIGEN KATER).

Obwohl ja später der ›neue‹ Flugplatz da war, von dem wir abfuhren, 1953, und der eine uns damals aufregende Besonderheit hatte. Gleich wenn man auf das Flugfeld kam, das damals nur von der PANAM angeflogen wurde, die die Insel über Puerto Rico mit New York aber auch direkt, oder über Santiago de Cuba, mit Miami verband, stand, wenn man aus dem Zollgebäude herauskam, ein großer Wegweiser mit vie-

---

[2] Héctor Incháustegui-Cabral, TRAURIGE WEISE FÜR DAS VATERLAND, DAS ICH LIEBE, in *Rose aus Asche*, hrsg. v. Erwin Walter Palm. München 1955, S. 42.

len schräg in die Luft gereckten Armen vor der Piste. Auf diesem Wegweiser in die Luft waren in Kilometern die großen Städte der Welt angegeben, ihre Entfernung in der Luftlinie: New York, Paris, London, Madrid, Rom, Tokio, Buenos Aires und vermutlich noch Rio und Mexiko. Ja wirklich. Ich habe das auf keinem Flughafen je gesehen, weder vorher noch nachher. Und nirgends hätte es mich auch aufgeregt wie auf der Insel. Es hatte etwas Surrealistisches und doch wieder Handfestes. Wenn ich nicht eigens hingegangen bin an bedrückten Tagen, um mich unter diesen Luftwegweiser zu stellen und seinen Armen nach in die Richtung der Städte zu sehen, die es also gab, anfliegbar, so nur, weil wir unten am Meer wohnten und der Flugplatz weit draußen lag, auf dem Anstieg des Plateaus zum Gebirge hin. Die Städte lagen lange außer Reichweite für uns. Finanziell und in jeder Weise. Irgendwann sahen wir sie auftauchen, einige: Miami als erstes. Den Kontinent.

Wer sich sonst nicht erinnert, der sieht aus den Flugverbindungen schon, daß Santo Domingo zwischen Cuba und Puerto Rico liegt (Enzensberger und *Merian* haben die Gegend reihum bei uns popularisiert) und daß man nach Westen erst nach Haiti kommt, das auf der gleichen Insel liegt, also der mittleren der drei ›Großen Antillen‹, und ostwärts nach Puerto Rico, subtropische Inseln im karibischen Meer, welches uns damals von weit stumpferem Blau schien als das Mittelmeer, was aber vielleicht ein Vorurteil war. »Du hast keine Delphine«, warfen wir ihm vor. Es fehlte uns das ganze mythologische Personal, von Arion angefangen. Haie gab es die Menge. Und Schildkröten kann man dort essen wie anderwärts Hühner, und sie schmecken auch ähnlich, nur unappetitlicher. (So labbrig wie Hühner inzwischen bei uns.) Das karibische Meer jedenfalls (jetzt ›die Karibik‹ genannt, siehe *Merian*) war damals gleich hinter unserem Haus. Oder doch fast gleich. Ich ging im Badeanzug aus der Küchentür. Erst kam ein kleiner gerodeter Platz, fast ein Hof, wo der Kaninchenstall war, auf dessen Dachpappe sich unsere Kater und

Katzen in der Sonne räkelten, mehr zu ihrer Freude als zu der der Kaninchen, vermutlich (den einen roch es gut, den andern gefährlich, wie das so ist; wir hätten das nicht erlauben dürfen). »Vivere pericolosamente«, wie Mussolini damals noch forderte, aber sie hatten ja das Gitter. Nein hierüber will ich jetzt nicht weiter reden, jemand sagte, sie hätten sich rascher deswegen vermehrt, aus schierer Angst. Dann war die Feuerstelle zum Kochen der Wäsche da, große Steine, auf denen das Holz geschichtet wurde. Dann war da noch ein nicht mehr benutzter Brunnen, ein einzimmriges Außenhaus, nach Landessitte für das (oder die) Mädchen bestimmt, das aber bei unserm Mieter logierte, und ein als ›Garage‹ bezeichneter Schuppen. Hier, hinter der Küche, wo Kakteen wuchsen und wachsen, pflegte der Wagen des mexikanischen Botschafters zu halten, und der anderer Besucher, die nicht von der Polizei gesehen werden wollten, was sie sicher trotzdem wurden. Hinter dieser Art Hof kamen die Bäume, von denen das Holz gehackt wurde, einfach Äste ab mit einem Buschmesser, es waren rotblühende Robinien darunter, Flamboyants genannt, wie es sie auch in Andalusien gelegentlich gibt, und danach ein knapper halber Kilometer Steppengras, womit die Kaninchen gefüttert wurden, das aber für ganz andere Tiere gereicht hätte. (Wer Kinder gehabt hätte, der hätte kleine Esel dort gehalten, sie sind auf den Antillen so zierlich wie die Esel der Pantelleria.) Das Steppengras verkam direkt. Das heißt, es wuchs höher und höher, wie es alles Grüne in den Tropen tut, und mußte mehrfach im Jahr für teures Geld geschnitten werden. Wir übernahmen das Ganze unordentlich und im Naturzustand, tadelten die vorigen Mieter und ließen es so. Durch das Gras, das manchmal so hoch war wie ich, hatte ich eine Art ›Trampelpfad‹ hinunter bis zur Avenida Washington (mancher, der dies liest, wird mich an diesem Punkt sogar um meinen Hitler beneiden, obwohl es höchst unbeneidenswert, wenn auch nicht des Trostes bar war). Die Avenida war damals weder befahren noch begangen, zumindest so weit draußen nicht. Ich überquerte sie im Badeanzug und kam in einen etwas verwahrlosten Strandgarten, wo sonntags populäre Tanzfeste abgehalten wurden. An einem riesigen Taubenhaus vorbei ging ich ins Meer. Falls die Nachbarn mich losgehen sahen, sagten sie warnend, und ohne Abänderung die Jahre hindurch: »Señora, und der Haifisch?« Immer im Singular. Aber ich war allein mit den Pelikanen, die über mich wegflogen, morgens nach Osten, abends nach Westen, je nachdem.

Als wir an die Ecke kamen, wo ich die Avenida überquert hatte, da sagte der Freund, der uns abgeholt hatte vom Flugplatz: »Und hier war Ihr Grundstück, erinnern Sie sich?« Alles war natürlich bebaut, denn die Grundstücke waren an die Stadt gerückt. Aber wir fuhren um den Block herum und kamen an unserem Haus vorbei, langsam genug, um das Schild zu lesen, das gleichzeitig mit dem Haus in unser Blickfeld kam. Und um zu sehen, daß das Haus schon leer war. Auch das Nachbarhaus, ein früher stattlicher Bungalow, war verlassen, während auf der anderen Straßenseite der damals geplante ›Palast der Schönen Künste‹, ein großer, neoklassischer Zentralbau mit breiten Treppenaufgängen, zur Verhauptstädterung der Straße beitrug.

Dann fuhren wir zurück auf die Avenida Washington und kamen wieder an die Ecke, wo die Avenida früher zu Ende gewesen war, aber jetzt weiter ging. Keine Spur war geblieben von dem großen Transparent über dem vorläufigen Ende der Uferstraße, an dem ich täglich vorbeiging und auf dem zu lesen stand: ›Trujillo zahlt die Gehälter‹ (wörtlich: Trujillo zahlt die Schecks). Abends ging die Schrift in Glühbirnen an, aber auch tags war sie gut sichtbar. Die Gehälter wurden pünktlich bezahlt, wenn sie auch meist im voraus verpfändet waren, an die Trujilloregierung, natürlich, und bei den hohen Zinssätzen sehr vermindert zur Auszahlung kamen. Aber in Haiti und in Cuba war eben keine Pünktlichkeit bei der Sache, ein Jahr Verzögerung war dort nichts Besonderes, zumindest damals nicht. Und das war mit dem Transparent allgemein verständlich ausgedrückt.

Kaum setzte man uns im Hotel ab, damit wir uns von der

Reise ausruhen könnten, da nahmen wir ein Taxi und fuhren zurück zu unserem Haus. (Ich sage ›unser‹ Haus, weil wir dort so lange gewohnt haben. Zu keiner Zeit haben wir Eigentum an Häusern oder Wohnungen gehabt.)

Etwas über zehn Jahre wohnten wir dort, von den zwölf, die wir in Santo Domingo verbracht haben, genauer gesagt, in Ciudad Trujillo, Trujillo-Stadt, wie sie mit Recht hieß. Das ganze Land hätte nach ihm heißen können. Unterdessen heißt die Stadt wieder Santo Domingo, wie immer seit 1502. »Sie haben Glück«, sagte der Reeder des Schiffes, als wir in Montreal abfuhren, den St. Lawrence hinunter. »Bis vor kurzem herrschte dort ein Tyrann namens Molina. Er soll ein Unmensch gewesen sein. Der jetzige heißt Trujillo und scheint etwas erträglicher.« Der Diktator hieß beides Trujillo Molina, da die Spanier Vater- und Mutternamen verkoppeln (Rafael mit Vornamen). Viele hat er umgebracht, im großen Haitianerschlachten aber auch laufend. Viele Flüchtlinge verdanken ihm das Leben. Er nahm sie auf, um sein Land ›aufzuweißen‹, ohne Ansehen ihres politischen Glaubens oder der Religion und ›Rasse‹, die spanischen Republikaner und Kommunisten, die sogenannten ›Zentroeuropäer‹, Verfolgte Hitlers aus Deutschland, Österreich und den reihum besetzten Ländern. Er ließ sie aussteigen. Und das war damals viel. Wer zurückfahren mußte, wurde zu Hause umgebracht. Oder konnte nirgends landen und fuhr von Hafen zu Hafen, bis das Schiff versenkt wurde. Er verlangte keine hohen Geldsummen wie andere Länder, er sortierte nicht nur die Fachleute mit anwendbarem Wissen für sich aus, Elektroingenieure, Brückenbauer, Ärzte etc. Er nahm Intellektuelle wie Handwerker und Bauern, er beschäftigte sie, und er überwachte sie.

Er baute die Universität neu auf mit den Spaniern, eine Kunstakademie, mit den Spaniern, ein Orchester, mit den Spaniern, eine Diplomatenschule, mit den Spaniern. Kaum etwas mit den Zentroeuropäern, die ja zunächst das Sprachproblem hatten und von denen sich viele in der Landwirtschaft versuchten[3], unter ihnen Saul Steinberg, der Karikaturist, der nach dem Krieg in New York weltberühmt wurde. Unsere Intellektuellen waren auch meist früh in die USA gegangen. Wir selber, mit Italienisch und Latein als Brücke, hatten auf der Überfahrt spanische Dichter statt einer Grammatik gelesen, dazu *Brush up your Spanish*, und schlossen uns bald den Spaniern an.

Man konnte dem Diktator nicht dankbar sein, man konnte ihm nicht nicht dankbar sein, er war ein furchterregender Lebensretter. Die Bevölkerung war freundlich, und froh, uns zu haben. Besonders die Intellektuellen. Wir brachten ›Welt‹ mit. Wir liebten das Land, in dem wir gefangen waren, was die Unbehaglichkeit nie verliert. Wir verzweifelten dauernd. Wir veränderten viel. Die Verbundenheit, die Freundschaften blieben, als wir nach dem Kriege nach und nach wegzogen, fast alle von uns. Wir begegnen uns, die wir dort waren, als seien wir gemeinsam auf die Schule gegangen. Das sind wir ja auch. Ein ›Lernprozeß‹ von der teuren Sorte. Wir fallen uns um den Hals, wo wir uns treffen, wie Geschwister. Selbst die, die froh waren, einander endlich aus den Augen zu sein.

Daher war dieses Haus, vor dem wir jetzt standen, immer nur ein Provisorium gewesen: eine Zuflucht am Rande, wo man nicht weiter weglaufen kann, so weit ist man schon gelaufen, sondern abwartet, ob man weiterleben darf. Ob die Welt wieder aufgeht. Nachträglich hatten sich alle unsere Wohnungen als Provisorien entpuppt, Stationen, immer kürzer. Aber erst nachträglich. Wir waren noch aufs Bleiben eingerichtet. Hier nicht. Aber hier blieben wir länger als irgendwo. Dieser ›Rand‹ wurde eine zweite Heimat, trotz allem, die Menschen, die uns aufnahmen, eine Art zweiter Familie (wie Familie, auf Lebenszeit, wozu es nicht einmal der Korrespondenz bedarf).

---

3 Über die landwirtschaftliche Kolonie Sosua, ein vertraglich vom Staat konzediertes, von einer amerikanischen Siedlungsgesellschaft finanziertes Projekt an der Nordküste, spreche ich hier nicht, ich sah es erst 1973, als es schon aufgelöst war.

...und in fernen Ländern
schiebt man dir einen Stuhl an den Tisch,
an der Seite der Hausfrau,
und jedes gibt dir von seinem Teller
wenn die Schüssel schon leer ist,
als habe ein Kind sich verspätet...
Und die dunklen Mangobäume
und die Kastanien
wachsen Seite bei Seite
in deinem Herzen.[4]

In diesem Haus war es, wo ich im November 1951 plötzlich Gedichte zu schreiben begann: in diesem Zimmer, das auf die Terrasse ging und das einen kleinen runden Erker hatte und immer so grün war, von den Bäumen ringsum und der feuchten Luft, als trete man in ein Aquarium (wo aber neue Mieter unterdes die Bäume mit Sonnenbrechern ausgesperrt hatten. Es waren ja auch wenige übriggeblieben).

Unser Garten war nicht mehr gut im Stande, was er ja auch nie sehr gewesen war. Alles war jetzt kahl, eine unfreundliche kleine Wüste. Die gleichen Nachmieter, die wir prompt kennenlernten, waren stolz, hier eine Tanzfläche angelegt zu haben. Wir mißbilligten, innen wie außen, ihre Europäisierungsversuche. Der kleine Gehsteig, die Sträucher, auch die Palmen fehlten und sogar der große pfefferrot-blühende Flamboyant, über dessen Äste abends die Ratten auf unser Dach gelaufen waren. Erst sah man sie, dann hörte man sie springen. Das Zinkdach, auf das sie aufsetzten, war durch eines aus Beton ersetzt, die Holzpfeiler der Terrasse durch solide Säulen aus Zement. Die Agavenhecke, die das Grundstück nach außen abgrenzte und deretwegen Trujillos Offiziere so oft bei uns vorstellig geworden waren, weil das Terrain von der

---

[4] 1955 oder 1956 in München geschrieben, das erste Gedicht, das ich nach der Rückkehr schrieb. *Nur eine Rose als Stütze*, S. 10ff. Es erschien zuerst in spanischer Übersetzung, Juni 1957 in *Caracola*, Málaga, Manuel A. Amiama und Francisco Prats Ramírez gewidmet.

Straße aus unübersichtlich sei, die wir aber hartnäckig verteidigt hatten (»Bringen Sie uns erst einen schriftlichen Befehl des Präsidenten«, sagten wir), sie war verschwunden. (Ob vor oder nach ihm, wer weiß es. Nicht hier hatte ihn die Kugel getroffen.)

Wir gingen um unser Haus herum. Richtig, die Küchentür war nur zugeklemmt. So konnten wir nach 20 Jahren unser Haus ohne Zeugen begehen: wir, seine intensiven Bewohner, und nun seine letzten Besucher, vor den Bulldozern. Wir nahmen es richtig wieder in Besitz, ehe wir gingen. Wir machten überall die Läden auf, an seinen fast unzähligen Fenstern, (mindestens 25 oder 30, es war richtig durchlöchert). Fensterscheiben hatte es auch jetzt keine. Die Risse im Treppenhaus von dem Erdbeben von 1949 waren noch zu sehen. Die Treppe war wie immer mit ›Katzenkopffarbe‹ gestrichen, einem glanzlosen Rotbraun. Wir hatten oben gewohnt, in drei Zimmern, wie auch jetzt, das Erdgeschoß hatten wir vermietet, nur unsere Küche war unten. Wir gingen durch sein Zimmer, öffneten das Fenster neben seinem Schreibtisch, ja, die hellbelaubten Bäume mit den blaßrosa Blüten waren noch da, sie blühen den ganzen Winter. Diese zarten Bäume, das war fast Europa für uns, die dicken ungegliederten Bananenblätter machten uns damals nervös, man versteht das nicht, hinterher. Dann standen wir auf der großen Terrasse, die unsere beiden Zimmer verband, wie das fast immer bei uns ist. Fast immer kann man dem andern ins Fenster gucken, seit der Via Monte Tarpeo. Auf dieser Terrasse fingen wir den Tag an, selten ohne Kaninchen oder Katzen. Lange Zeit leistete uns unser Lieblingskaninchen beim Frühstück Gesellschaft. Es wurde die Treppe heraufgetragen, strampelnd, und machmal eine Pyjamajacke mit den Hinterbeinen zerfetzend, und saß dann auf dem dritten Stuhl.

Die Kaninchen wurden von unserm Nachbarn angeblich überfahren, aber ganz sicher gegessen, als wir im Sommer im Gebirge waren. Kummer und Ärger dieser Art (auch eine Ente wurde ›überfahren‹) konnten wir nicht an den Mann bringen.

Denn dieser Mann war ein guter und auch reicher Nachbar, und in schwierigen Augenblicken durften wir uns auf ihn verlassen: er bürgte für uns bei seiner Bank, der New York City Bank, die zwar auch Trujillo gehörte oder mitgehörte, aber als internationale Bank normale Geschäftsgepflogenheiten hatte, so daß das Universitätsgehalt zur allgemeinen Verwunderung – fast zum allgemeinen Ärger – Jahr um Jahr unverpfändbar blieb. Ein Einzelfall in der philosophischen Fakultät.

Das Lieblingskaninchen war kein alltägliches und ein Geschenk des deutschen Zoodirektors, des gleichen, der hinterrücks an ein dem Käfig und auch dem Zoo entkommenes kleines Krokodil herantrat, als es auf der – man sieht, nicht übermäßig befahrenen – Avenida Bolivar fast schon bis zum Palast von Trujillo gelangt war, draußen vor der Stadt: ein festes Haus gegenüber der Trujillo-eigenen Brauerei ›Präsidentenbier‹, alles gut ummauert. Er trat hinter das Krokodil, drückte ihm mit beiden Daumen die Augen zu, dann nahm er es auf den Arm und hob es auf den Lastwagen. Wieso das Krokodil, als er es hochnahm, die Augen nicht wieder öffnete, habe ich nie verstanden. Der Zoodirektor war der einzige Überlebende mehrerer Orinocoexpeditionen gewesen, wie man einander flüsternd mitteilte. Vielleicht hatte sich das Krokodil geängstigt. Der Akt als solcher gehörte für mich zu den Weltwundern und kommt noch in meinem letzten Gedichtband vor. Unter dem Titel ›Vorsichtshalber‹:

Wer den Hund zurückbeißt
wer auf den Kopf der Schlange tritt
wer dem Kaiman die Augen zuhält
der ist in Ordnung.

All diese Dinge sind wirklich getan worden, ich sagte ja, das Gedicht benennt die Wirklichkeit, es erfindet nichts. Die Schlange, darüber äußerte sich der Zoodirektor, als von dem Ausflug des Krokodils zum Landesherrn die Rede war. Den Hund allerdings biß eine ganz alltägliche Amerikanerin in

Washington DC zurück. Beide sollen gute Zähne gehabt haben. Der Mond als mögliches Depot politisch Mißliebiger ist, seit ich dies schrieb[5], bedenklich in Reichweite gerückt, an politisch Mißliebigen wäre kein Mangel, aber vorläufig ist auf und unter der Erde noch Platz, und die Kosten wären extravagant. Daher muß diese Metapher noch eine Weile uneingelöst bleiben.

Nach dem Frühstück wurde es auf der großen Terrasse zu heiß, erst nach Sonnenuntergang, wenn der Wind gedreht hatte, kam sie wieder zu Ehren, wir saßen dort so lange, allein oder mit Freunden, bis man im Winter sogar eine leichte Jacke oder ein Tuch umhängen mußte. Denn bei der hohen Luftfeuchtigkeit friert man bei 20 oder 22°. Unten im Hausflur, wo die Kofferburg stand, die braunen großen Rohrplattenkoffer aus den 20er Jahren, die wir von unsern Familien mitbekommen hatten und die auf Balken handbreit über dem Steinboden lagerten, kamoufliert von einem stoffbezogenen Gestell, vermoderten unterdes die Wintermäntel und Jackenkleider und was man in Europa den größeren Teil des Jahres trägt. Mein geliebtes Samtjackenkleid aus Rom, das blaue Hauskleid, manches davon rettbar, manches später gestohlen, alles täglich – eingekampfert oder nicht – feuchter und stinkender. Vorläufig, jedenfalls, von gar keinem Interesse für uns.

Den Tag verbrachte man im Halbdunkel wie immer im Süden. Nachmittags tippte ich im Badezimmer, einem großen Raum mit einer alten Wanne, zu der das heiße Wasser in Kübeln treppauf geschleppt werden mußte, wenn einer krank war. Sonst badeten wir kalt. Im gleichen Riesenraum war auch das Klo, häufig mit einer schönäugigen Kröte darin. Und dort oder auf der schmalen Terrasse davor, die den Meerwind hatte, tippte ich die Nachmittage lang, nur mit einem Unterrock bekleidet. Spät nachts, wenn das Wasser zum Nachspülen kühl genug war, entwickelte ich dort meine Negative (auf

5 Erste Fassung 1956, San Rafael de la Sierra.

Eis) und machte die Vergrößerungen der Architekturaufnahmen für die Veröffentlichungen meines Mannes. An einem Gasrohr wurde ein Eimer mit einer Kamera mit doppeltem Auszug darunter mühsam herauf- oder heruntergeschoben. Jeweils ein Kraftakt. (Die Feineinstellung funktionierte normal.) Viele Nächte arbeitete ich dort, bei geschlossenen Läden, der Mond war viel zu hell für eine Dunkelkammer.

Für gewöhnlich aber saßen wir abends auf der vorderen Terrasse, die jetzt den Landwind hatte: auf den geflochtenen Schaukelstühlen, mit ihren Sitzen aus ›Sisal‹, dem Agavenbast, um den niederen Holztisch mit der großen Stehlampe, alles von einem spanischen Revolutionär, einem guten Schreiner, angefertigt. Mit Ausnahme der Lampe sein Standardmodell und vielfach verkauft, anstelle der buntgestrichenen Holzschaukelstühle aus dem ›Cibao‹[6], die landauf landab dort üblich waren und sind.

Dort hatten wir auch sehr merkwüdige auswärtige Besuche, von André Breton bis Emil Ludwig, wer gerade durchkam auf dem Wege nach Mexiko oder den US oder, nach dem Kriege, auf dem Heimweg nach Europa. Die Gäste bekamen kalten Tee mit dominikanischem Rum und Tropenzitronen, oder auch den gegorenen, leicht moussierenden Ananassaft. Falls jemand den Whisky oder den Cognac bei uns vermißte, so hat er es zumindest nicht geäußert. (Als ich später in New York die tropischen Getränke in einem Plastikpapierkorb servierte, war es ein Riesenerfolg, alle betranken sich enorm. Ein gerade ziemlich berühmter Maler zeichnete mich mit einem der eben neu erfundenen Filzstifte auf einen Würstchenteller, ich selber stand auf einer Möbelpyramide hoch an der Decke, warum, weiß ich nicht mehr. Die Zeichnung diente zehn Jahre danach als Umschlag für *Hier*. Auf unserer Terrasse betrank sich eigentlich keiner.)

Meine gedeckten Ananastorten nach der Art deutscher Apfeltorten, aber mangels Äpfel mit Ananas (Ananasstücke

---

6 Nördliche Provinz. Kolumbus' Traumland *Cipango*.

ziehen mehr Wasser, wenn man sie zuckert, und müssen gut abgetropft werden), waren berühmt. Und ebenso die Sachertorten, die man seinen Freunden zu Weihnachten ins Haus bringen ließ, denn Konditor gab es damals keinen. (Nur einen österreichischen Emigranten. Nicht schlecht.) Diese Kuchen, auch das Brot und die Brötchen, wurden in einer eigenartigen Kochkiste aus Aluminium gebacken, die von einem Kohlenfeuer aufs nächste gehoben wurde, mehrfach während des Vorgangs. Die Glut wurde mit Palmwedeln angefacht, der Herd war so eingerichtet, daß jede Feuerstelle nach unten offen war. Natürlich hat es damals schon viele gegeben, die nicht mehr so kochten, sondern elektrisch. Ich weiß nicht, ob auch auf Butan, wie es heute fast alle tun außer den Frauen auf entlegenen Dörfern, und fast auch diese. Es wurde zu uns auch noch das Eis in Blöcken gebracht, wie in Köln zur Kinderzeit, und dann in Säcke oder Zeitungen eingewickelt, während die sehr teuren elektrischen Eisschränke, doppelt so teuer wie im Herstellungsland, schon in jeder Botschaft und auch bei den Im- und Exporteuren standen, meist im guten Zimmer, als eine Art Hausgott, wie es in den Tropen einem Kühlgerät gebührt. Die Intellektuellen, seien es nun hohe spanische Staatspersonen im Exil, die als Professoren an Universität oder Schule tätig waren, oder Maler oder Musiker, taten alles auf altgewohnte antillanische Art, die die billigste war. Nur bei der Wäsche unterschieden wir uns: die Spanier ließen die ihre in scharfer Lauge weiß werden, wir ließen sie in alten Benzin-Fünfliterkanistern auf Holzscheiten im Hof kochen und mit Stöcken umrühren. Auf Stacheldraht, wie es dort und in ganz Lateinamerika üblich war oder auch ist, hängten sie weder die Spanier noch wir. (Wie wir auch das Fleisch nicht auf Stacheldraht und überhaupt nicht in der Sonne trockneten.) Landesüblicherweise wird oder wurde die Wäsche, wie in den meisten Ländern der ›Dritten Welt‹, in kaltem Wasser auf Steinen geschlagen, wie man es noch vielfach auch in Südeuropa an den Flüssen sehen kann. Und zwar ohne Rücksicht auf die Person des Eigentümers, die Wäsche der Armen ganz wie die der Gäste von Luxushotels, soweit diese die Wäsche ausgeben. Erst die Waschmaschinentrommel hat diese ›demokratischen‹ Steine abgelöst und die Rücken der Wäscherinnen entkrümmt.

Wie wir also unser Haus begingen, am Nachmittag, aber noch bei gutem Licht, denn wenn es dort dunkel wird, gibt es nichts Schummriges, so nah am Äquator, und sofort ist Nacht, kamen wir auch zu dem historischen Flecken auf dem Fußboden unseres Eßzimmers. Da war er. Die zwanzig Jahre hatten ihm kaum mehr angehabt als die Salzsäure, mit der wir es versucht hatten. Gewöhnlich werden oder wurden solch einfache Holzböden dort mit Sand und Bürste gescheuert, wie früher in Europa auch. Der Flecken unter unserem Eßtisch, der seither ja mit dem Fußboden selbst beseitigt ist, war ein memorabler, und ich wundere mich heute, wieso wir überhaupt versuchten, ihn loszuwerden.

Unser Eßtisch und die Stühle waren fast wie unsere heutigen, nur rustikaler, beide ja von spanischen Handwerkern gemacht. Statt des spanischen Nußbaums benutzten sie Mahagoni (wie ich die Äpfel im Kuchen durch Ananas ersetzte). Ungeglänzten, gewachsten Mahagoni (nicht den polierten wie bei deutschen Ehebetten). Die Stühle waren gerade und hoch und streng spanisch, mit sisalgeflochtenem Sitz. Einer unserer extravagantesten Gäste, Emil Ludwig, schob den strengen spanischen Stuhl zurück und legte sich der Länge nach auf den Fußboden, um Kopf an Kopf die beiden Kater mit gebratenem Perlhuhn zu füttern. Das kommt nicht alle Tage vor. Sonst hätte der Fußboden ja auch ganz anders ausgesehen. Es war Ludwigs erster Abend bei uns. Gerade war die Schrecksekunde, in der er unsere deutsche Bibliothek ansah – die deutschen Bücher standen im Eßzimmer, und, wie alle unsere Bücher, waren sie chronologisch und unmißverständlich geordnet –, von uns allen schweigend ausgehalten worden. Wir begannen, ihn zu mögen, wie er da vor dem Regal stand und wortlos feststellte, daß er fehlte. »Die Biographien bekommen wir nachgeliefert, eine Kiste voll«, dachten wir. Aber er schickte uns ein einziges schmales Buch, »das unverkäuflichste meiner Bücher«, wie er schrieb, *Tom und Sylvester*, ein intimes und liebenswertes Versepos.

Als wir ihn, eine Woche nach diesem Abend, auf den Flugplatz brachten, wo der Wegweiser, shiwa-gleich, die vielen Arme in die Luft hob, sahen wir ihn beklommen abfahren, und keineswegs der Bücher halber. Fassadenkletternde Studenten waren nachts in seinem Hotelzimmer erschienen – er wohnte in dem Appartement des Präsidenten –, um ihm die überraschende Mitteilung zu machen, das Land werde undemokratisch regiert, wozu sie Einzelheiten beibrachten. Das war einer von mehreren Vorfällen, weswegen wir dem Flugzeug kleinlaut nachgesehen hatten. Wir waren ihm beigeordnet gewesen, es gab keinen zweiten deutschen Professor an der Universität, wir waren in einem Wagen mit der Nummer 1 mit ihm durch Stadt und Land gefahren, die Biographie des Diktators, deretwegen er eingeladen war, würde er auch nicht schreiben, und nie würden wir nachweisen können, daß wir unser Bestes versucht hätten.

So standen wir neben dem Luftwegweiser, er fuhr nach New York, das es wirklich gab, wir blieben auf dem Boden der Insel, paßlose Menschen, so gut wie eingemauert.

Sein kleinster Witz in Washington über die Fassadenkletterer im Luxushotel der ausgezeichnet bewachten Stadt, die Emil Ludwig baten, ihr Befreier zu sein, oder auch ein Gespräch über die Biographie hätten uns das Leben kosten können. – An einem neugebauten Hospital bald hinter der Stelle, wo früher das Transparent gewesen war, sahen wir bei der Einfahrt 1973 groß den Namen eines Freundes, eines jungen Arztes, dessen nordamerikanische Gäste weniger diskret gewesen waren: eine späte Ehrung für den Ermordeten. Ich lernte damals, daß Ertrunkene angeschwollen sein müssen, sonst sind es Tote, die man in den Hafen geworfen hat. (Deswegen war es auch meine erste Frage, ob mein Freund Fritz Bauer, der Generalstaatsanwalt, dick oder dünn war, als man ihn in seiner Badewanne fand. Obwohl es in seinem Fall wenig geklärt hätte.) In dem Labor dieses Arztes durfte ich mit Hilfe der Leicaapparatur, die er für seine biologischen Präparate benutzte, Abbildungen aus Kunstbüchern reproduzieren. Bei einer solchen Gelegenheit lag auch das amputierte Negerbein im Labor, von dem ich in *Bericht von einer Insel* erzähle. Übrigens war es der einzige nahe Freund, der uns auf diese Weise umkam, in den zwölf Jahren.

Daß er eine ›Reihe‹ eröffnet hatte, unter unsern Bekannten, sah man erst viel später, nachdem die meisten von uns schon fortgezogen waren. – Der nächste war ein spanischer Professor, der eine Zeitlang Privatsekretär von Trujillo gewesen war (übrigens nur ein sporadischer Besucher unserer Terrasse). In Mexiko schrieb er ein Buch: *Ich war der Privatsekretär von...* Dies Buch war negativ und wurde von Trujillo gekauft. Daraufhin schrieb er es neu: *Ich war Privatsekretär...* Diesmal positiv. Das zweite Buch wurde gleichfalls von Trujillo gekauft, diesmal auch verteilt. Ich sehe es noch vor mir: in dunkelgrasgrünem Karton, mit einem altmodischen Tintenfaß und zugehöriger Schreibfeder darauf. (Es wurde uns von der Universität nachgeschickt, zwei Exemplare, für jeden eines.) Als wolle er d'Annunzios makabres Spiel mit dem *Feuer* übertreffen, schrieb der Autor das Buch zum drittenmal. Daß er bei diesem Vorhaben einen tödlichen Autounfall erlitt, lag vielleicht in der Natur der Sache. – Weit seriöser lag der Fall des Basken, der in Columbia University seine Lokalkenntnisse als Doktorthese verwertete. In 117th Street und Broadway wurde er das letzte Mal gesehen. Die internationale Presse regte sich auf. Daß auch die Doktorarbeit verschwand, bemerkte keiner. (Sein Tod wurde in Farben ausgemalt, würdig Malraux' *Condition humaine*. Aber niemand hat Sicheres gehört.) – Ein näherer Freund von uns, ein Katalane, wurde auf einer Geschäftsreise auf dem bekannten Flugplatz aus dem Flugzeug geholt, gleichfalls für immer. All dies war nach unserer Zeit, in einem Augenblick erhöhten Widerstands und erhöhter Repressionen. Wir hatten die ›ruhigsten‹ zwölf Jahre erwischt. »Wenn einer einen Revolver auf der Straße liegen sah, zur

Zeit von Trujillo, dann ging er auf die andere Straßenseite«, sagte 1973 fast melancholisch ein Taxifahrer zu uns, als das Radio die Mordtaten der letzten 24 Stunden aufzählte. Das eine wie das andere eine landesübliche Kalamität, die Encyclopädia Britannica, die wir vor unserer Abreise am Bristol Channel nachgeschlagen hatten, war ohne beruhigende Auskünfte: Das Land hatte durch seine Geschichte hindurch so ausgesehen, wie ein immer größerer Teil der Welt heute.

Auf jeden Fall, Emil Ludwig hielt dicht. Und nach einem halben Jahr hörten wir auf, Angst zu haben.

Heute noch habe ich sein sehr ungewöhnliches Abschiedsgeschenk. Er kaufte in einem ›Giftshop‹ einen eingelegten kleinen Mahagonikasten, dann ließ er zu unserer Verblüffung den Fahrer des Wagens 1 auf dem ›Kolumbusplatz‹ vor der Kathedrale halten, dem Hauptplatz der Stadt, und befahl ihm durch unsern Mund, auf das Diktatorenauto zu steigen und Blütenzweige von den damals dort stehenden Oleanderbäumen zu pflücken. Wir waren jenseits von Schrecken und Bewunderung. Das Zudrücken der Augen des Krokodils mußte daneben als eine vergleichsweise alltägliche Routineverrichtung erscheinen. Später überreichte er mir den kleinen Kasten mit den Oleanderblüten darin. Auf den Blüten ein Kärtchen mit ein paar Gedichtzeilen. Und – wie er das fertiggebracht hatte, weiß keiner – wie ich es öffnete, flog ein Schmetterling heraus. Der kleine Kasten steht neben meiner Couch auf dem Boden und ersetzt mir die Schublade eines imaginären Nachttischs. Immer, wenn er auseinanderfallen möchte, leime ich ihn.

In Santo Domingo gibt es fast keine Mahagonischnitzereien mehr, weil alles abgeholzt ist und die überlebenden Bäume unter Schutz stehen. Damals gab es eine Flut von Mahagoniartikeln, in den Grenzregionen wurde Mahagoni sogar zu Brennholz zerhackt.

Trotz all dieser Herrlichkeiten zankten wir uns mit Ludwig aufs heftigste, zum Beispiel über die zu dieser Zeit noch müßige Frage, ob Deutschland wieder die schwarzrotgoldene oder, wie er es sich vorstellte, eine weiße Dauerfahne haben solle. Hier schlage ich im *Rowohlt-Literaturlexion* nach und lese den winzigen Artikel über die Ludwig'schen Biographien. Man würde kaum denken, daß bei einem großen Footballspiel in den USA 1941 der Sprecher verkündete: »Unter Ihnen sitzt Emil Ludwig und sieht sein erstes amerikanisches Footballspiel«, und daß die Tausende aufstanden zu seiner Begrüßung. Ganz wie sie in Buenos Aires oder in Rio aufgestanden wären, wo er heute noch gelesener ist als bei uns, ähnlich wie der andere internationale Erfolgsautor, Stefan Zweig.

Aber ich berichte hier nicht von Ludwig, sondern von unserem Haus, in dem er oft gesessen hat, abends auf der großen Terrasse, wie alle unsere Gäste, und mittags auf der schmalen hinter dem Badezimmer. Während Frau Ludwig im Hotel Siesta hielt, saß er dort und übertrug mit meinem Mann um die Wette ein Tassogedicht aus dem Italienischen: ein verblüffend kindlicher und spontaner Mensch, dieser Prototyp des ›Asphaltliteraten‹.

Von der hinteren Terrasse sprangen die Kater in kühnem Sprung in den Garten. Auf der vorderen wartete ich manchmal mit Unbehagen, einem Unbehagen, das glücklicherweise immer unbegründet blieb – Ludwigs Abreise war keineswegs unser einziges Kopfweh –, bis E. zwischen den Palmen an der Avenida auftauchte.

Auf der vorderen Terrasse, nicht auf der hinteren, saß mehrfach André Breton. Das erste Mal, als er aus Frankreich nach New York über Santo Domingo und Haiti gereist kam. (Anna Seghers und Victor Serge, die 1941 durchkamen, auf dem Weg nach Mexiko, versäumte ich leider. Sie hielten einen Tag lang hof in dem spiegelbedeckten Café über dem ›Ateneo‹. Serge füllte die Stadt mit schwarzen Prophezeiungen. Es scheint, er überschätzte die verführerische Wirkung deutscher Nylonstrümpfe auf die russische Bevölkerung. Und 1945 oder 46, als Breton den gleichen Weg sozusagen hinter sich aufrollte, als er nach Paris zurückfuhr. Und viele Spanier natürlich, darunter auch manche aus dem Zirkel García

Lorcas. Und Lateinamerikaner, Wissenschaftler, Poeten, Musiker, Bildhauer, Maler. Und schließlich Menschen überallher. Ich weiß nicht, wieso ich bei dem Betreten der Terrasse als erstes unser Frühstück mit dem Kaninchen erwähnt habe. Wilfredo Lam, der chinesisch-cubanische Maler mit seiner deutschen Frau, der furchtbare Zuckerrohrgötzen malte, das war noch in unserem ersten Haus, das noch steht und vorläufig auch nicht bedroht scheint, obwohl es ein viel schlechteres Haus ist.

Dort hatten wir die am Bristol Channel eingepackten Bücher wieder ausgepackt. Keineswegs sofort, keineswegs alle aus den gleichen Kisten, in die wir sie am Fuß der Treppe gelegt hatten. Die englische Transportfirma hatte einen Teil der Kisteninhalte in einen Lift gepackt, zu den römischen Möbeln, die aber mangels Geld nicht verschickt werden konnten. Vielmehr wurden sie in London auf dem Kai versteigert, samt aller Bettwäsche darin: ein wahres Osterei für den Erwerber. Die Bücher packte meine Mutter alleine, während des ›Blitz‹, auf dem Dock von London wieder in Kisten. Sie war den Umgang mit Büchern nicht gewohnt und tat es pflichtgetreu, aber weinend. Vater war da schon eingelocht, als Deutscher. Sie benutzte viel zu große Kisten, die an den Ecken brachen. Aber das meiste kam an. Das Schiff, das die Bücher über den Atlantik brachte, wurde erst auf der Rückfahrt versenkt, obwohl wir die Ladepapiere und die Mitteilung, daß es versenkt war, gleichzeitig bekamen. Zunächst lagerten wir die Kisten unten zu ebener Erde in einem niederen Souterrain. Keller haben diese Häuser nicht, sie sind noch Abkömmlinge des Stelzenhauses, wie man es im Innern der Insel auch noch in den Städten sieht. Bei Zyklongefahr wurden die Bücherkisten herauf in die Wohnung geschleppt (das einzige Stockwerk lag wie ein Hochparterre), unter Mithilfe aller Jungen der Nachbarschaft. Und die Türen wurden vernagelt, wie es dort Sitte war und ist.

Unser erstes Haus hatte damals schon ein Zementdach, was bei Zyklonen ein großer Vorteil ist. Nur bei Erdbeben empfiehlt sich ein Zinkdach, weil es so elastisch mitwippt wie eine Konstruktion von Frank Lloyd Wright. Das Zinkdach unseres zweiten Hauses soll in der Tat bei dem großen Zyklon von 1930 weggeflogen sein, das neue, so tröstete man uns, sei mit besonders guten Schrauben angeschraubt. Wir zögerten, der Bücher wegen, denn Zyklone kommen regelmäßiger als Erdbeben, mindestens eine ›Warnung‹ pro Sommer. In den ersten Jahren packten wir die Bücher dann ein, für den Fall, daß das Dach wieder wegflöge. So heroisch bleibt man nicht. Schon gar nicht bei der Hitze.

Auch das Erdbeben von 1949 haben die beiden Häuser überstanden. Das neue, das das leichtere Dach hatte, war dafür dicht am Meer, und die Wellen schwappen bei Erdbeben oft haushoch. Ich floh nicht in die Oberstadt, wie viele Bewohner der Avenida. Im Gegenteil, ich hatte meinen Mann gerade zum Flugplatz gebracht und hatte Mühe, gegen den Menschenstrom nach unten zu kommen, zu dem Haus und den Büchern, eine Loyalität, die niemand anerkannte.

Erdbeben sind übrigens das erste, was dem Deutschen zu Santo Domingo einfällt. Oder einfiel, der älteren Generation. Kleists *Erdbeben von St. Domingo*, eine Assoziation, die in doppelter Weise irreführt. Denn Kleists Erzählung heißt *Die Verlobung in St. Domingo* (›Das Erdbeben‹ war das in ›Chili‹) und spielt auch nicht in Santo Domingo, sondern in Haiti, dem westlichen Nachbarstaat, einer Negerrepublik französischer Tradition, wo heute noch jeder einwandernde Neger sofort das Bürgerrecht hat, wie jeder Jude in Israel. Während die Dominikanische Republik, mit der Hauptstadt Santo Domingo (deutsch fälschlich *San* Domingo, weil für Deutsche Heilige offenbar Italiener sind), von Mulatten bewohnt und eine Tochterrepublik Spaniens ist. Beide extrem verschiedenen Temperaments: die Dominikaner ernst und bemüht, »mit ihrem ewigen hohen C«. Die Haitianer, bei krasser Armut, lustig und unbekümmert.

Von unserm ersten Haus, das in seiner heutigen Umgebung nur mit Mühe wiederzufinden ist und in dem wir uns in das

Land eingewöhnten, erzähle ich hier nicht. Der ›einohrige Kater‹ hat dort mit uns gelebt. Über unsere Ankunft und den Kater schreibe ich in meinem nächsten Buch, *Berichte von einer Insel*. (Dort kommt alles vor, was ich hier auslasse, und vieles andere.) In diesem Haus war es, wo der erste unerwartete Besuch abends an die Haustür klopfte. Ein fremder dunkelhäutiger Mensch in einem Khakitropenanzug schien uns damals doppelt fremd und gefährlich und war vielleicht einer der Polizisten Trujillos. Er lachte, als er unser Mißtrauen sah, und nannte beruhigend seinen Namen. Soundso schicke ihn. Wir lachten, als er den ersten eisgekühlten Kaffee seines Lebens als Zumutung zurückwies. Kaffee war etwas Heißes, das nicht in Gläsern, sondern in kleinen Täßchen ohne Untertasse serviert wurde. Beiderseits haben wir es nie vergessen. Er war ein Medizinstudent und dann lange Zeit unser Arzt.

In diesem ersten Hause hatten wir zunächst ein geliehenes Radio, für die Kriegsnachrichten. Dann einen Telefunken Tosca, den wir in einer kümmerlichen Hütte der Oberstadt, die damals die Hüttenstadt war und heute die Wohnstadt, alt erwarben, und der uns zwölf Jahre hindurch treu und ohne eine einzige Reparatur gedient hat. Wir hingen an den Nachrichten aus Europa wie an einer Nabelschnur. Aber die BBC und die amerikanischen Sender brachten auch ausgezeichnete Musikprogramme, wie sie heute undenkbar sind.

Eines der Hauptereignisse, allerdings schon später, in dem neuen, an Ereignissen reichen Haus, war der Erwerb eines in den Tosca einzustöpselnden Plattenspielers (wer kümmerte sich damals um Hifi und Verstärker!). Der Plattenspieler war sündhaft teuer wie alle Importe. Ich hatte ihn gekauft, auf die Zusage vieler Freunde, daß wir ihre Platten spielen dürften. Bis zu unserer Abreise dort haben wir nie auch nur eine einzige Platte besessen. Es bildete sich eine Art Gewohnheit heraus: wer von unseren Freunden und Bekannten – oft Diplomaten und Minister, bei denen das Reisen zum Beruf gehört – nach London oder in die USA fuhr, der rief an und fragte: »Was für Platten soll ich mitbringen?« So trug E. zum

Aufbau von Diskotheken bei, deren Nutznießung wir hatten. Erwähnt seien auch die wunderbaren Platten des British Council, die über die englische Botschaft kamen. Der Standard war damals ungemein hoch, und wir feierten Musikorgien, die uns für Konzerte nahezu verdarben.

Daß es nach dem Krieg war, sieht man schon daran, daß wir statt des Laufjungen ein Telefon hatten. Die Anschaffung des Plattenspielers war vermutlich unsere Reaktion auf die Abreise des spanischen Komponisten und Dirigenten Enrique Casal Chapí, eines früheren Mitarbeiters von Lorcas fahrendem Theater, ›La Baraca‹, der bald nach dem Krieg ein Orchester in Montevideo übernahm. Ich sehe ihn noch zwischen den Palmen auftauchen, niemand nächst den Bewohnern kam so oft in das Haus. Niemand hat so Scarlatti gespielt. Niemand luzider oder rascher mit mir E.'s spanische Texte verabschiedet. Niemand war witziger auf Kosten anderer. Wieviel Kummer haben wir miteinander weggelacht. Er allein hätte ein Madrid ersetzen können. Und doch gehörte er zu jenen, deren Kreativität durch das Exil und die zermürbende Kleinarbeit einen Knick bekam. Zu zweit ist man beschützter.

In diesem Hause wurde auch das Buch über *Die Baudenkmäler der Insel Hispaniola* trotz aller Schwierigkeiten vollendet. Mit einem kulturhistorischen Teil. Als ein Trost und Gegengewicht gegen das 1939 abgebrochene Buch über die römische Architektur auf dem Hintergrund der römischen Religionsgeschichte. Wenn es dann auch nicht gleich gedruckt werden konnte, sondern erst Jahre nach unserem Weggang, 1956/57, in Spanien. In der berühmten Druckerei von Seix y Barral.

In diesem Hause wurde das Denkmalschutzgesetz der Republik entworfen. E. war unterdes Berater der Kommission für Denkmalpflege. Ich bekam bald nach dem Krieg den Lehrstuhl für Deutsch.

In diesem Hause, wo wir von der Hand in den Mund lebten, solange die ›Hand‹ gesund war, ohne einen Cent Rücklagen, ohne Bankkonto und ohne Versicherungsschutz – Sozialversicherung schon gar nicht. Wer eine Unterrichtsstunde ausfallen lassen mußte, krankheitshalber, bekam sie auch nicht bezahlt. Erst nach dem Krieg wurden feste Monatsgehälter eingeführt – allerdings auch ohne Arztrechnung. Nur Medizinen und Analysen und Röntgenaufnahmen kosteten, die ärztliche Hilfe wurde Tag und Nacht herzlich geleistet und uns nie berechnet. Wie überhaupt die Hilfsbereitschaft der Dominikaner beispielhaft war. Notleidenden Emigranten wurde am ersten Weihnachten nach ihrer Ankunft die gezahlte Miete von den Hauseigentümern zurückgebracht. In mehr als einem Fall. Allerdings, verdienende, *mit*verdienende Emigranten, die teilhatten am kleinen öffentlichen Budget, wurden befehdet. In mehr als einem Fall. Die Intrigen waren oft operettenreif. Aber das passierte nicht nur den Fremden, sondern ebensosehr den Einheimischen: das Gezerre um den kleinen Topf. Und nie, in keinem Falle, wurde man von seinen Freunden im Stich gelassen, sondern getröstet, beraten, verteidigt, als sei man dort geboren und gehöre dazu.

»In diesem Hause, wo« hatte ich den Absatz angefangen. Aber wie konnte ich die Summe des Lebens in dem Hause ziehen, ohne daß mir der Dank an diejenigen dazwischen geriet, ohne die wir nicht durch- und vielleicht nicht, oder doch nicht so, herausgekommen wären. »...Y sin dinero y sin renta / en el punte que trajo se sustenta« (»und ohne Geld und ohne feste Bezüge / bewahrt er seinen Lebensstandard«), wie es von den spanischen Ankömmlingen im 16. Jahrhundert gesagt wurde, so einfach war das im 20. Jahrhundert nicht.

»In diesem Hause«, fange ich also wieder an und sehe schon, wie der Satz sich von neuem an Erinnerungen überfrißt. In diesem Hause, wo wir mit einer Rolleiflex und schließlich auch einer Leica (beide noch bei uns, jubiläumsreif. Die Rollei bald 40 Jahre. Die Leica kann ihr 25. feiern), mit der Remington Portable, die ich zum Abitur bekommen hatte (nein, die fiel auf dem Rückweg in Porto Rico aus dem Flugzeug und war sofort tot), mit einem alten Telefunken Tosca und mit einem Plattenspieler und mit unsern

Büchern, Tieren und Freunden lebten und überlebten, da öffnete sich die Welt auf viele Weisen für uns. Materielle und immaterielle.

Von diesem Haus aus fuhr E. durch ganz Süd- und Mittelamerika, immer auf Einladung von Universitäten und Kongressen, damals mit einem (meist offiziellen) dominikanischen Ersatzpaß. (»Geboren in Frankfurt in der Dominikanischen Republik, Vertreter der Universität Sto. Domingo« stand einmal auf einem solchen Papier.) Dort erhielten wir die ersten deutschen Zeitungen, Nummern der *Neuen Deutschen Zeitung* und der *Gegenwart*. Jahnns *Holzschiff*, Benns *Statische Gedichte*, Eichs *Abgelegene Gehöfte* kamen noch dort zu uns. Und es besuchte uns ein Student aus Heidelberg, ein überaus forscher und gewandter junger Mann, der dort Tropenmedizin lernen wollte. Er hatte seine Kranken in der nächsten kleinen Stadt an die Bettfüße angebunden, als er sonntags bei uns auf der hinteren Terrasse erschien. Er stellte den Kontakt zu Deutschland mit der ihm eigenen Fixigkeit her: zu Heidelberg, zu Bonn. Er verbreitete die Nachricht, daß wir noch lebten, bei Freunden und Lehrern aus der Studentenzeit. Und unmittelbar hinter E.'s ›Guggenheim Fellowship‹, die ein gemeinsames Jahr in den US für uns bedeutete, kam – wir waren schon in New York – die Einladung des Deutschen Akademischen Austauschdienstes.

Ich erzähle hier nicht von dem winzigen Haus auf Vinalhaven in der Penobscot Bay im Staate Maine, wo man so hoch im Norden ist, daß das Meer schon wieder südliche Farben hat, und wo in den Basaltbrüchen der Lorbeer wächst wie in Italien, und die Möwen die Müllabfuhr besorgen. Obwohl ich dort WEN ES TRIFFT [7] geschrieben habe, das letzte Gedicht, das ich vor der Rückkehr schrieb, und das, wie ich jetzt weiß, aber damals nicht wußte, die Rückkehr in ihrer ganzen Ambivalenz vorwegnimmt.

---

7 *Nur eine Rose als Stütze*, S. 46 ff. Erste Veröffentlichung, *Neue Rundschau*, 1957, III.

Ich fuhr noch einmal zurück in das Haus, im Februar 54, und packte mit einem jungen rumänischen Dichter, der erst nach dem Kriege gekommen war, die Bücher in Kisten. Nur Voltaire mußte dran glauben, die Kehler Ausgabe, 72 Bände. Ihn und Friedrich den Großen, gleichfalls eine Ausgabe aus der Zeit, verkaufte ich, um Geld für die Überfahrt zu haben. Die Kisten ließ ich, eingelötet in Zinkkisten, im Eingang des Hauses zurück: eine Art Festung, eine volle Eisenbahnladung. Die uns fast zehn Jahre später von unserem früheren Untermieter, der das Haus übernahm, nach Heidelberg nachgeschickt wurde. (Über ihre Ankunft im Hainsbachweg habe ich schon in den BÜCHER-»GRILLEN« berichtet.[8] Rückblickend sehe ich beim Schreiben, das heißt jetzt, im Januar 74, daß es dieses Haus war, wo das Leben neu für uns angefangen hat, unser jetziges Leben. Beide wechselten wir dort den Beruf, ich die Existenz. Mein Mann, von der klassischen Antike zur spanischen und spanisch-amerikanischen Kunst- und Kulturgeschichte. Von dort aus wurde er auf dem ganzen amerikanischen Kontinent und dann auch in Europa bekannt. »Man kann es von dem kleinsten Punkt aus tun, vom abgelegensten«, sagten wir uns wieder und wieder, wenn wir das Inselgefühl hatten. Ich fing in diesem Haus zu schreiben an, im November 51, kurz nach dem Tod meiner Mutter.[9]

Vor allem war es das Haus, in dem die Verfolgung aufhörte, und wir uns langsam wieder daran gewöhnten (ich halte den Atem an, wie ich dies schreibe), daß keiner hinter uns her ist.

Vielleicht war es kein schlechtes Zeichen, daß die kleine Schreibmaschine, die mich all diese Jahre begleitet hatte, in Porto Rico aus dem Gepäckabteil des Flugzeugs fiel und zersprang. Und daß mein Koffer die Mitteilung der Schreibmaschine wiederholte, bei der Landung des Schiffs in Bremerhaven. »Das Schiff war höher als ein Haus. Der Kran öff-

---

8 Siehe S. 49.
9 Davon veröffentlicht: 3 Texte in *Nur eine Rose als Stütze*, S. 57–59, und *Höhlenbilder*, Hundertdruck, 1968.

nete sich zu früh, einer der Koffer löste sich und fiel aufs Pflaster. Der meine. Er war aufgeschlitzt, diagonal, von Ecke zu Ecke. Nichts war herausgefallen. Nur der Koffer war demonstrativ ans Ende seiner Reise gelangt. Der Koffer, mit dem ich weggefahren war.«[10]

V

Vielleicht wäre es mir nie eingefallen, über ›meine Wohnungen‹ zu schreiben, wohnte ich nicht hier in Heidelberg hoch über dem Neckar, im Anblick all meiner Studentenzimmer: als sei ich niemals von hier fortgegangen. Als sei alles nach Vorschrift verlaufen, ich habe dort unten studiert, in diesem Gebäude, über dessen Eingang Gundolfs Worte stehen: »Dem lebendigen Geist« (wieder stehen wie damals. Zwischendurch stand dort »Dem deutschen Geist«). Als habe ich dort unten in der Mensa im Marstallhof, die auch weiter die Mensa ist, vor soundsoviel Jahrzehnten einen Studenten getroffen, mit dem ich dort in der großen Aula, die noch dieselbe ist, in Jaspers' Vorlesungen und Seminaren gesessen habe, Zettelchen austauschend, und den ich dann nach den beiderseitigen Doctorexamen geheiratet habe, und der jetzt in Heidelberg Professor ist (wenn auch in einem anderen Fach), wie er es schon als Student gewünscht hatte.

Als sei dies ein Film, aus dem nur der Mittel- und Hauptteil weggeschnitten zu werden braucht, und die beiden Enden passen nahtlos zusammen. Aus dem Leben wird nichts weggeschnitten. Diximus hesternae die, »Ich fahre fort, wo wir stehen geblieben waren«, sagte Jaspers, wie er es immer am Anfang seiner Stunde tat, als er 1945, nach etwa zehnjähriger Unterbrechung, seine Vorlesung im alten Hörsaal wieder aufnahm.

22 Jahre waren wir weg, als wir in Bremen landeten. Aber

---

10 *Das zweite Paradies*, S. 115. Text leicht verändert.

bis wir in Heidelberg wieder seßhaft wurden, waren es knapp drei Jahrzehnte, daß wir die Stadt und damit Deutschland verlassen hatten. »Du verläßt das Land deiner Geburt..., der Tag deiner Auswanderung steht fest. Es war ein guter Tag, denn du konntest noch aufrecht fortgehen, du fielst nicht mit dem Gesicht auf den Boden, weil du von rückwärts gestoßen wurdest. Niemand hat dich hinausgeworfen, beinahe bist du von selbst gegangen. Es ist wichtig, nicht öffentlich beschämt zu werden. Du brauchst niemandem zu erzählen von dem Weidenbaum, unter dem du geweint hast, ehe du gingst. Ein kleiner Weidenbaum, er wäre jetzt groß. Wir haben ihn gesucht, aber der Fluß ist eingedämmt, wo er stand.«[11] Die Wohnung, am Ende von Neuenheim, fast schon in Handschuhsheim, je nachdem wie man es rechnet, das wäre zu meiner Studentenzeit weit draußen gewesen. Heute ist sie ganz nah, die Städte sind zusammengerückt, überall auf der Welt. Neue Vorstädte sind heute am Rande.

Es war im Winter 60/61, daß wir in Heidelberg eine Wohnung bekamen, wie die Menschen sie haben, die erste, die keine Fluchtwohnung war seit 1936, wo wir in das alte Heim der Duse zogen auf dem Kapitol. Alle Koffer, alle Bücherkisten kamen aus Santo Domingo, aus Madrid, aus München, aus Frankfurt (nur zunächst in den Keller, weil es dauerte mit den Regalen). Der Kirschbaum vor dem Fenster, der noch kahl war, stand bald voller Blüten. Und die Forsythien. Und vor dem Badezimmer ein Weißdorn. Und die großen Kastanienbäume bereiteten sich vor. Viele Vögel. Zwei zahme Eichhörnchen. Sogar eine nette Zugehfrau. Wenn es auch keine Wohnung auf dem Kapitol war oder über dem Prado, war es doch vielleicht die netteste, die ich je gehabt habe. Nie hatte ich es so gut und bequem. Eine wunderbare Szene. Nicht immer ist das Stück für die Szene geeignet.

»Wir sind unterdes weitgehend eingerichtet« schrieb ich im Mai 61 an Eichs. »Manchmal denke ich, wir haben unter Be-

---

11 *Das zweite Paradies*, S. 72.

weis gestellt, daß wir die Halme zu einem ordentlichen Nest zu zupfen verstehen, wie andere Leute, ja mindestens wie andere Leute, ich meine, richtig brütende Vögel. Nun könnten wir uns bei der Hand fassen, und diesen Beweis stehen lassen, und all die angeschaffte Habe, und irgendwohin gehen, wo wir ein Bett und einen Tisch haben (jeder jedes, versteht sich). Vielleicht finden Sie es morbide, vielleicht verstehen Sie es. Die Bäume sind unübertrefflich gut um das Haus gruppiert, und innen ist alles heiter. Auch eine Nachtigall ist da.« Über die Rückkehr hatte ich vorher aus Madrid geschrieben: »...dies neue Leben in Heidelberg, zu dem, wie die Dinge liegen, soviel Mut gehört, daß man ihn kaum aufbringen kann. Denken Sie, diese Rückkehr scheint mir mehr Mut zu erfordern als unsere früheren ›Beginne‹, die doch auch kein Jux waren. Santo Domingo, ach Sie glauben nicht, wie es war, als wir an einer trostlosen Küste in strömendem Regen, die Luft zum Schneiden dick, im Sommer 1940 von einem kleinen Wasserflugzeug abgesetzt wurden.[11] Und doch war alles unbekannt, wenn auch niederdrückend in vieler Hinsicht. Jetzt weiß man, was man fürchtet, und fast finde ich das schlimmer.«

Als ich das erste Mal zu dem Haus kam, mit den Schlüsseln, aber allein, merkwürdigerweise – sicher bin ich sofort hingelaufen, am Morgen nach meiner Ankunft aus Madrid, wir wohnten zunächst noch im Hospiz an der Alten Brücke –, da war das erste, was mich aufregte, der Briefkasten, der außen am Hause war, noch ehe man die Außentreppe hochging, die zu dem turmartigen Treppenhaus führt. Es war der erste eigene Briefkasten in meinem Leben. Erst hatte es den Briefkasten meiner Eltern gegeben: im Hochparterre, ich sehe es noch, waren die Briefkästen des ganzen Hauses. Dann hatte ich immer Studentenzimmer gehabt. In Rom nimmt die Portiersfrau die Post an, was ihr damals auch ermöglichte, für die faschistische Polizei eine Art Kontrolle durchzuführen: keine

---

11 Vgl. *Die Insel*, unten S. 115. Ich fand diese Briefe an Eichs, als ich unsere Korrespondenz zu *Du darfst einen Löffel haben* wieder ansah.

ergiebige, sie war nicht sehr belesen. In England wird die Post unter die Haustür geschoben oder durch einen Schlitz auf den Flur geworfen. In Santo Domingo kam der Briefträger geradelt und gab die Post unten in der Küche ab. In den USA wohnten wir in einem Logierhotel. In Spanien wieder gibt es die Portiersfrau, die aber alles ordentlich in ein Fach tut, als wohne man in einem Hotel. Ich war also fast fünfzig Jahre alt geworden, als ich zum erstenmal einen Briefkasten und einen Briefkastenschlüssel bekam.

Sofort machte ich den Briefkasten auf, obwohl ja nichts darin sein konnte, denn wir wohnten noch gar nicht dort. Es war für mich ein Spiel, einen Briefkasten zu haben. Irgend jemand spielte mit, es lag ein Brief darin. Er war von einem Rosenzüchter aus Zweibrücken, der die Adresse vom S. Fischer Verlag bekommen haben mußte. Er habe gerade meinen Band *Nur eine Rose als Stütze* gelesen, und ob er mir Rosenstöcke schicken dürfe. Diesen Brief bekam ich, noch ehe ich die Wohnung, die erste ›normale‹ Wohnung meines Lebens, betreten hatte. Und es war auch das erste Mal, daß ich in der Lage war, etwas so ›Solides‹ wie Rostenstöcke anzunehmen. Ich hatte neun Jahre aus Koffern gelebt, zur Untermiete. Aber jetzt war ein Garten da, wenn er auch zum Erdgeschoß gehörte und ich auf die Rosen nur von der Terrasse heruntergucken konnte. Und noch ehe wir richtig eingerichtet waren, kamen schon die Rosen, Kisten voll Rosenstöcken. (Einen Teil dieser Rosen nahm ich mit, als wir umzogen, und habe sie noch heute, und sie stehen wieder unten. Oder in meinem Zimmer, bis spät in den Herbst.)

Irgendwann in den ersten Tagen stand ich gerade im Kittel auf einer Leiter, als ein kleines Mädchen in der Tür erschien, die Tochter der Nachbarn, und fragte: »Ist es wahr, daß Sie Hilde Domin sind?« Ich weiß nicht, wer von uns beiden verlegener war, es war die erste unbekannte Leserin, die ich mit Augen sah (obwohl ja die Rosenkisten eben angekommen waren.) Das Buch war im Herbst 59 erschienen, als ich in Madrid war, und erst nach meiner Rückkehr fing es für mich seine

Existenz als ›Buch‹ an. Mitnichten hatte ich bisher gewagt, eine Buchhandlung zu betreten, um es dort zu sehen oder gar danach zu fragen und mich vorzustellen. So etwas kostet mich auch heute Überwindung.

Einen Teil der Möbel hatte ich aus Madrid vom ›Rastro‹ mitgebracht, einem dem römischen ›Campo dei Fiori‹ vergleichbaren Trödelmarkt. Zwei große ›mesas de campo‹, Tische wie sie auf den Feldzügen mitgenommen wurden, oder auch auf Reisen, und in den Zelten aufgeschlagen: einfache Nußbaumplatten, mit zusammenlegbaren Stützen, zwischen denen Eisenstäbe befestigt wurden, wie man sie auf den Bildern z. B. von Velázquez sieht. Die Platten solcher Tische sind alt, zumindest das Holz, die Stützen und Eisenstangen sind nur ›im Stil‹. Dazu hell bemalte valenzianische Bauernstühle des 18. Jahrhunderts mit Strohgeflecht, die schwer sind wie Tote und weiße Wunden bekommen, wenn man an sie stößt. Alles andere, aber da ist nicht viel anderes, modern und funktionell, was sich gut mischt. Statt der obligaten Sitzgarnitur, gar aus Teak, weißgestrichene Gartenmöbel, als sei das Wohnzimmer ein Terrassencafé. Das Ganze, immer noch, auch was die Unbequemlichkeit angeht, eine Variante unserer römischen und dann der dominikanischen Wohnung: Szenen für den Dialog, vor der Erfindung der Familie und der bürgerlichen Gesellschaft.

Die Haupteinrichtungsgegenstände – mit Ausnahme der Bücherregale und der Leichtmetalleiter, und natürlich der Bücher selbst – sind vielleicht zwei Vögel, ein großer tönerner Laufvogel, ein iberischer ›Urvogel‹, eigentlich ein antikes Trinkgefäß, wie sie heute noch nach alten Mustern in Katalonien hergestellt werden: meine erste Anschaffung, als die Rückkehr nach Heidelberg definitiv wurde. Es war sozusagen der erste Gegenstand, an dem ich nach neun Jahren des Herumwanderns ausprobierte, wie es ist, wenn einer ein Zuhause bekommt und etwas wie diesen Vogel einfach kaufen kann. Der zweite Vogel ist die fast noch weiße, mindestens helle

Holztaube, die mit ausgebreiteten Flügeln an einem unsichtbaren Nylonfaden schwebt, und aus einer Ecke ins Zimmer fliegt, aus der sie nicht kommen kann, weder sie noch sonst ein Vogel. Übrigens hätte ich von den ausgebreiteten Flügeln im Singular sprechen müssen, denn der rechte ist fast ganz abgebrochen (was mich immer neu wundert, wenn ich von einer Reise zurückkomme, als sei der Flügel gerade erst beschädigt worden). Es ist eine alte Dorfkirchentaube, eine Pfingsttaube, früh oder provinziell, das kommt aufs gleiche heraus, ganz unverschnörkelt und naturalistisch, die auf einem Althändlertisch des Rastro lag, als ich nach den Möbeln ging. »Sie war einmal ein Heiliger Geist«, sagte ich zu einem Besucher. »Wieso war?« sagte er. Auch in der jetzigen Wohnung haben wir solange Schränke gerückt, und sogar eine Wand eingezogen, bis eine Ecke entstand, mitten in meinem Turmzimmer, von wo die Taube nicht kommen kann, aber kommt: etwas über Kopfhöhe, man sieht den rosa Schnabel und die kleinen, roten, an den Leib gepreßten Füße.

...wenn ich alles verliere,
dich nehme ich mit,
Taube aus wurmstichigem Holz,
wegen des sanften Schwungs
deines einzigen ungebrochenen
Flügels[13]

schrieb ich in den Tagen des Einzugs in den Hainsbachweg.

Eine große Hilfe beim Einrichten war die Bewohnerin des Unterstocks, ich hatte plötzlich eine jüngere Schwester. Erst lieh sie mir Möbel, bis unsere kamen. Später erbat sie sich meine Manuskripte, denn ich selber werfe sie weg, wenn ich sie abgetippt habe. So daß ich von ihr etwas kriegen kann, wenn ich manchmal um Originale gebeten werde. Allerdings muß ich dann in eine andere Stadt schreiben, wir haben ja alle das Haus verlassen, das wir sehr liebten und in dem ich gut

---

13 *Versprechen an eine Taube*, S. Fischer Almanach 1962, S. 107/108.

gearbeitet habe, aber mehr krank gewesen bin als irgendwo seit der ersten Hitlerzeit (wo ich in Rom immerzu krank war und mich kaum erholen konnte). Trotz Rosen und Nachtigallen wurde es eine schlimme Wohnung für mich, vielleicht die schlimmste seit Rom. Enttäuschungen und widerwärtige Erfahrungen wie fast nie.

Daß der Schwager Hitlers – sein ›Schwippschwager‹ – über uns in die eine Mansardenwohnung zog, weil er sich hatte scheiden lassen, um just die Frau, die über uns wohnte, zu heiraten, das erwähne ich nur als Konstellation. (Den obligaten Schäferhund hatte er töten lassen müssen, der Hausherr erlaubte keine Tiere.) Das erste, was wir von ihm sahen, war der sogenannte Persilschein, mit guten Unterschriften, den man darauf bestanden hatte uns zu zeigen. Irgendwann kam er. Ich war gerade hinuntergegangen zu meiner Freundin, um mir Eier zu borgen, ich war ja erst halb eingerichtet. Wie ich aus der Parterrewohnung kam, die Eier in ihrem Pappkarton vorsichtig in der Wagerechten haltend, da ging die Haustür auf und ich stand Auge in Auge mit einem alten Herrn, der es sein mußte: der Schwager Hitlers, unser neuer Hausgenosse. Die Eier gingen ganz von selbst zwischen uns zu Boden. Es ist schwer zu sagen, wer erschrockener war. Chaplin persönlich hätte es nicht wirkungsvoller inszenieren können. Im übrigen war die Beziehung korrekt und förmlich, er verließ das Haus noch vor uns, die Füße voran, er hatte Krebs gehabt. Kaum war er tot, wäre er reich geworden, er wurde als Erbe Hitlers wegen der Tantiemen von *Mein Kampf* gesucht.

Über die Umstände unseres Auszugs rede ich nicht, es wurde auch der Wegzug meiner Freundin. Das Haus erneuerte seine Bewohner und noch den Anstrich von oben bis unten, auch die herrlichen Kastanien, die tief über die Straße hingen, wurden kurz darauf abgehackt. Und demnächst wird die damals so verschwiegene kleine Straße mit modischen Terrassenhäusern bebaut. Ich habe den Protest der Anwohner mit unterschrieben.

Eine Maklerin, die meine Gedichte kennt, fand uns diese

Wohnung, in der ich sitze und schreibe. Es ist die schönste, die wir je hatten, seit der Via Monte Tarpeo, was ich nur mit Schüchternheit ausspreche. Ich glaubte nicht, daß es wahr sei, als sie mir die Adresse gab. (Es wohnten Leute hier, die es zu abgelegen fanden, denen besorgte sie etwas anderes.) Nachtigallen gibt es hier nicht, das ist wahr, aber auch drüben sind sie weggezogen. Die Türkentauben mit ihren zarten Hälsen sind da, und Drosseln und Amseln und sogar ein Pirol, und im Winter ein Eisvogel. Ich habe ein Turmzimmer, halbrund wie das Zimmer der Droste und mit vier Fenstern, den Geisberg gleich gegenüber mit seinen wunderbar dichten Bäumen, zu jeder Jahreszeit schön, noch die zarten Stämme im Winter, die ich fast einzeln kenne. Und unten die Stadt und der Neckar. Ein Hölderlinblick, sagen die Leute. Es ist ein Zimmer, in dem man nie freiwillig auf das Leben verzichten könnte, denn wenn man nur über die Nacht kommt, ist das Aufwachen zu schön. Ein Zimmer wie verordnet für einen Menschen wie mich, der ich seit meiner Rückkehr nach Heidelberg eher noch mehr auf der Kippe bin als früher. Mannheim und Ludwigshafen, dieser Horizont ist von hier oben wie eine Küste, die Schornsteine werden zu Schiffskaminen, und wir haben Sonnenuntergänge wie an einem südlichen Meer, wenn die Sonne die Abgase rötet.

Der goldene Hahn auf dem Turmknopf der Peterskirche, scheinbar in Augenhöhe, zeigt uns den Wind an. Die Stimmung in der Universität bekommen wir akustisch mit, am Hörhorizont. Immer aber sind wir in Reichweite der drei Glocken: der Jesuiten, der Peterskirche und von Heiliggeist. Und des Glockenspiels unten am Rathaus.

(Übrigens ist in diesem Hause, im Dachgeschoß, *Akzente* gegründet worden. Höllerer wohnte dort bei der alten Konditorsfrau Lene Schwehr in dem Zimmerchen über der Treppe, wo auch jetzt ein Student wohnt. Die Konditorei Schwehr im ersten Stock, auf der Hauptstraße, war früher unsere Lieblingskonditorei.)

Um dieses Haus liegen meine Anfänge wie Vororte gruppiert. Halbkreisförmig. Ich kann mir selber fast in die Fenster sehen. Das selbständige Leben begann für mich hier, in Heidelberg. Von hier sehe ich sogar noch die ehemalige Pension, in der meine Mutter, nach gemeinsamer Zimmersuche, mich noch meiner Cousine ans robuste Herz legte, was diese nicht wenig entsetzte, worauf Mutter dann nach Köln zurückfuhr und die Schwimmleine durchgeschnitten war. Köln war damals viel weiter von Heidelberg als heute, subjektiv und auch objektiv. Aber pünktlich gingen meine Wäschepakete hin und her und kamen nie ohne Extrageldscheine und ein gebratenes Hähnchen, damals noch etwas Besonderes, oder den geliebten Tapiocapudding meiner Kinderzeit oder sonst ein Schutzsignal zurück.

Die ›Anlage‹ sehe ich vom mittleren oder rechten Fenster meines Turms, gleich unterhalb des Geisberg. Dreimal habe ich dort gewohnt, zweimal rechts und einmal links, über der Eisenbahn, die damals noch die Straße entlangfuhr, jetzt in den Berg zurückgewichen ist und der sogenannten ›Südtangente‹ Platz gemacht hat. (Sie müßte noch weiter zurück in den Berg, wir brauchen den Tunnel für den Transitverkehr! Die Tunnels sind hier die große Streitfrage, ich kämpfe mit auf dieser Bürgerfront.) Wo die herrlichen Kastanien standen, ist es bunt von parkenden Autos. Mein Zimmer war in dem Haus, in dem noch vor kurzem eine Hippiekommune wohnte, und hatte etwas von einem Kinderzimmer, mit seiner hellgeblümten Tapete. Ich wohnte dort im 2. Semester, als ich zum erstenmal einen leibhaftigen Emigranten kennenlernte, einen jungen russischen Sozialdemokraten. Ich verliebte mich dort zum erstenmal, vielleicht war es ein Glück, daß ich mir in den Ferien den Kopf verbrannte, weil die Lockenwickel aus Zelluloid Feuer fingen. Ich mußte das Semester abbrechen und in Köln weiterstudieren, bis ich wieder flügge wurde und nach Berlin ging. Zum Sommersemester 31 kam ich wieder nach Heidelberg und zog auf die rechte Seite der ›Anlage‹, in eine Mansarde mit Aussicht zur Peterskirche, also ganz nah von hier. Wie lang doch all diese Semester damals waren, unendlich lang, es ging viel mehr Zeit hinein als jetzt. Ich erinnere mich noch an die Kleider, die ich trug, an die Tanzabende im Ausländerclub und in dem jetzt gerade abgerissenen Schloßkasino, an die langen Diskussionen im Café Krall, das die Eckenseite des heutigen Schafheutl einnahm, den Eingang zur Ecke hatte, und wo es ein besonderes Gebäck für Studenten gab, das sogenannte ›Krallinchen‹ zu 10 Pfennig, eine Art Eintrittspreis und Tischmiete, für das man bis nach Mitternacht dort sitzen und diskutieren durfte, bis die Stühle auf die Tische gestellt wurden.

Es war der Anfang dieses Sommersemesters, als ich dem schon erwähnten Studenten an einem Tisch der Mensa begegnete, am selben Tag, als er in Heidelberg angekommen war. »Wo wohnen Sie?« fragte er, als wir miteinander in der Schlange zur Essensausgabe gingen. »Anlage, Ecke Schießtorstraße«, sagte ein Junge hinter uns, und ich hörte später, das habe einen fragwürdigen Eindruck gemacht. (Vermutlich war es jemand von unserer ›Gruppe‹, die eine Art Stammtisch hatte.) In der Mansarde dort lasen wir zusammen Plato, er war ja zünftiger Altphilologe. Die erste einer langen Reihe herrenloser Katzen hörte uns dabei zu und bestand darauf, auf der Treppe zu übernachten, was zum Protest des Hausherrn und schließlich zu meinem Umzug in die Hirschgasse führte, in das bekannte Braus'sche Haus, das von oben bis unten eine einzige Studentenbude war, meist von Zeitungswissenschaftlern bewohnt (das Zeitungswissenschaftliche Institut war damals im Buhlschen Haus). Es wohnten dort sowohl künftige Emigranten, wie künftige Goebbels-Assistenten, aber das war noch eingewickelt.

Das Haus ist gleich das erste quer gegenüber, man sieht es vom Wohnzimmer und der Terrasse, besonders im Winter, wenn die Birken kahl sind. Das ganze Jahr über oben vom Fenster von Frau Schwehr. Ich kochte dort auf einer elektrischen Kochplatte unendlich alte Suppenhühner, meine erste Kochtat. Heute gibt es gar keine alten Hühner mehr, die nicht gar werden, und deretwegen man Jaspers versäumen könnte. Das war das Semester, wo wir gemeinsam paddelten, bis hinauf nach Neckarsteinach. Es gab keine Schleuse oberhalb der an der Hirschgasse, die bequem für seinen Nachhauseweg in die Altstadt lag. Im Neckar konnte man noch schwimmen, es gab weder Möwen noch Schwäne, aber eine Schwimmanstalt. Ich schwamm von Ufer zu Ufer oder bis an die Alte Brücke hinauf. Oder auch hinter dem Boot her, ›Luderchen‹ hieß es und gehörte dem Fischer Österreicher in Ziegelhausen.

Mein nächstes und letztes Zimmer in Heidelberg liegt in schiefer Linie rechts unter uns, in der Karlstraße. Als ich wiederkam, stand das Haus noch, samt der gipsernen hellenistischen ›Muse‹ im Hausflur. Es war ein berühmtes Haus, das Thibauthaus. Oben wohnte Richard Benz. Ich wohnte im ersten Stock bei dem Flötisten der Oper. Vor mir hatte Christiane von Hofmannsthal dort gewohnt. Und zwischen ihr und mir eine rothaarige Zeitungswissenschaftlerin, die ich nur flüchtig kannte, von der ich aber das Zimmer erbte. 1946 traf ich sie zufällig in New York, in der New York Public Library oder in Columbia University, und ›revanchierte‹ mich so spät noch für das Zimmer: ich lud sie mit einem brüderlichen Freund von mir ein, einem Exildominikaner. Sie heirateten stehenden Fußes.

Die Wohnung des Flötisten hatte es in sich. Die Ehe Heinrich Zimmer – Christiane von Hofmannsthal war auch dort entstanden, die Präliminarien den Vermietern in unfreundlicher Erinnerung. Wenn ich abends den Schlüssel zum Fenster hinunterwarf, das Haus wurde offenbar früh abgeschlossen, so schimpfte Frau Schmiedl: »Genau wie Frl. v. Hofmannsthal!« Morgens fand ich den Schlüssel dann wieder in einer kleinen Bäckerei auf der Hauptstraße, die immer noch existiert und sich gerade sehr vergrößert hat. Hinten hatte das Thibauthaus einen parkähnlichen Garten, der bis ans Schloß hinaufging. Dort hatten wir unsere ersten Kaninchen, es war unser erster gemeinsamer Besitz, wir hatten sie auf dem Wredemarkt erworben. Sie hießen Leontion und Chrysostomos und waren ganz zahm, und oft ließen wir sie frei auf dem Rasen herumlaufen. Wir wohnten ja nahe beieinander, auch sein Zimmer, das erste, das ich für ihn gemietet habe, hatte einen ungewöhnlichen Vormieter gehabt, Alfred Mombert. Das Haus besteht heute noch, nur parken jetzt immer Autos davor, wenn ich vom Schloß herunterkomme und durch den Friesenberg zum Karlstor gehe. An der Stelle des Thibauthauses steht heute das Germanistische Seminar, mit einer andern Stockwerkverteilung, mein Bett im damaligen ersten Stock hinge jetzt etwa halbwegs zwischen erstem und zweitem in der Luft. Wo wir die Kaninchen hatten, ist statt des Rasens und der Hecken ein zementierter Parkplatz. Darüber der alte Garten, in den ich nicht mehr gegangen bin.

Damals hatten Studentenzimmer noch kleine Waschschüsseln, kaum größer als zur Goethezeit. Ich hatte immer die sogenannte ›Nilpferdwanne‹ mit, eine große runde Fußwanne aus Gummi, in der man sich richtig Wasser übergießen konnte: kaltes, wie ich es von zu Hause gewöhnt war. Das ›Zimmer‹ bestand aus zwei Zimmern hintereinander, ein sehr hübscher Schlauch, der zwei Fenster zur Straße hatte und in der Mitte durch einen Vorhang geteilt war. Hinten das Schlafzimmer, vorne das Wohnzimmer mit Biedermeiermöbeln. Die gleiche Einrichtung, nach der sich Heinrich Zimmer sofort mit viel Detailkenntnis erkundigte. Dort hatte ich auch meine ersten antiquarisch gekauften Bücher. Dort lernte er, wie lebenswichtig es ist, die Zeitungen auch über dem Strich zu lesen, nicht nur das Feuilleton. Alles war dort zum erstenmal. Vieles aber auch zum letzten.

Auf der Karlstraße wohnten damals Anhänger beider extremer Parteien. Die Kinder spielten ›Umzüge‹, Kommunisten oder Naziaufmärsche, je nach den Eltern, die dazu aus den offenen Fenstern die Internationale per Grammophon und das Horst-Wessel-Lied per Harmonium beisteuerten. Es war eine Art Liederkrieg in der schmalen Straße: welche Hymne die klangstärkere war. Das stellte sich bald heraus. Aber da waren wir schon ausgewandert. Die weißen Kaninchen, deretwegen es in vielen Ländern, und noch auf den Antillen Kaninchen bei uns gab, schenkten wir Zimmers, mit der Auflage, daß sie nie gegessen werden durften. Als wir Heinrich und Christiane Zimmer in den Tagen vor Kriegsausbruch in Oxford auf der Straße trafen, wir kamen aus der entgegengesetzten Richtung die Straße entlang geschlichen, ich sehe uns noch die Fahrbahn überqueren, beiderseits Arm in Arm, und aufeinander zugehen, da öffnete einer von uns den Mund und fragte: »Bitte, was ist aus den Kaninchen geworden.« Und sie gaben Auskunft. Keinem der vier war nach Lachen zumute, wie wir so das Gespräch begannen.

›Leontion‹ und ›Chrysostomos‹, ›Löwchen‹ und ›Goldmäulchen‹, meine Mutter tadelte es, daß wir ihnen so verrückte griechische Namen gegeben hatten, als sie uns in Heidelberg besuchte und ihn als Sohn annahm, lange bevor wir auf dem Kapitol, nach den beiderseitigen Doctorexamen, vor dem römischen Standesbeamten standen, der die Tricolore um den Bauch gewickelte hatte, wie es bei Eheschließungen dort Sitte ist, und wir dann in die Via Monte Tarpeo zogen.

Von wo wir auf einem Umweg über den halben Globus wieder nach Heidelberg gekommen sind. Und zuletzt noch auf den ›Jettahügel‹ über der Stadt. Wo ich von diesen ›Wohnungen‹ schreibe, meinen ›Aufenthalten‹. Und mich fürchte, wenn ich den Plural setze. Heute, am letzten Abend des Jahres 73. Und ich erinnere mich, wie das Turmzimmer der Droste über dem Bodensee plötzlich ins Schwimmen geriet und sich mit mir zu drehen begann, daß ich fast hinfiel, als ich im Frühjahr dort war, während in Wirklichkeit nur ein Schiff draußen auf dem See von Fenster zu Fenster fuhr. Und das Zimmer dann wieder ins Stehen kam.

Um vier ging der letzte Freund weg. Ich bin allein auf dem letzten Zipfel des Jahres wie auf einem Schiff. Gestern haben wir sechs Minuten von Heidelberg nach Mexiko gesprochen. »Wie geht es Dir in deinem geliebten Turm«, sagte er. »Ich bin gut an der Arbeit«, sagte ich. »Morgen werde ich fertig. Und bald bin ich reisefertig.« Und wenn ich ›Reise‹ sage, so meine ich Reise. Eine Abfahrt, mit Rückfahrkarte. Wo ich ankommen kann und den Schlüssel umdrehen, meine Türe öffnen und die Treppe heraufgehen und zu Hause sein darf, wie andere Menschen auch. Wie, ich weiß, viele immer von neuem nicht.

»Und keine Kochbananen mehr«
Bericht über das Kriegsende

Die Sirenen der Zeitung heulten dreimal, durchdringend. Dann stimmten alle Sirenen der Stadt ein. Es war ein furchtbarer Lärm. Da unser Radio gerade in Reparatur war, stürzte ich auf die Straße zum nächsten öffentlichen Telefon, um zu hören, was passiert war. (Drei Pfiffe, das hieß bei uns in der Stadt auf der Insel: Nachrichten von internationaler Bedeutung. Bei einem lokalen Ereignis wurde zweimal gepfiffen. Ein Pfiff galt nur dem Elektriker.)

Gegenüber, an der Ecke vor dem Telefonhäuschen, saß ein Mann am Straßenrand, die Beine lang ausgestreckt, den Rücken gegen den Laternenpfahl gelehnt. Er war barfuß. In seine Hose aus dunkelblauer Baumwolle waren säuberliche Flicken aus einem hellen Blau eingesetzt, gleichsam kleine Stücke heiteren Himmels an einem wolkigen Nachmittag. Eine weniger glückliche Hand hatte unternehmungslustigere Farben in das eine Hosenbein eingesetzt, während das andere höchst unvorschriftsmäßig in eine Franse auslief. Das Oberteil seiner Kleidung bestand aus einem alten Zuckersack, aus dem eine Art ärmelloser Hänger gemacht war. Die großen roten Druckbuchstaben der Zuckermühle waren schon fast ganz ausgewaschen, und das Kleidungsstück hatte jenen bedenklichen Zustand erreicht, wo die fadenscheinigen Stofffetzen über Stücke nackter Haut hinweg sich gerade noch die Hand reichen. Was sein Gesicht betraf, so waren zwei Erdteile zusammengekommen, um diesen Sohn eines dritten hervorzubringen: Die dunkle Haut des Afrikaners bedeckte seine eckigen asiatischen Züge, und über den schmalen, mongolischen Augen stand das kurze, wollige Haar des Negers. Die Gelassenheit, mit der er dasaß, war durchaus tropisch. Es war ein heißer Nachmittag, und er war der einzige Mensch auf der ganzen Avenida. Wie ich auf ihn zuging, dachte ich: »Sieh ihn dir nur an, diesen Kerl, wie beneidenswert er ist! Zeitlos wie unsere Katze! Da sitzt er am Rande der Geschichte und kaut seine Erdnüsse. Die Signale sind immer nur für uns. Unser Wohl und Wehe wird aus allen Lautsprechern geschrien. Für ihn ist es nichts als Lärm: ein modernes Märchen, Dinge, die sich abspielen irgendwo weit weg, wo niemand je hinkommt.«

Als ich an ihm vorbeiging, sah er auf und sagte: »Wunderbare Nachrichten, Señora. Wunderbar! Der Krieg ist aus. Frieden!«

Seine chinesischen Augen glitzerten vor Freude. Ich blieb stehen. Ich brauchte nicht mehr zu telefonieren. Er hatte es bereits am Radio gehört.

Das war sie also, die große, die lang ersehnte Nachricht. Ich fühlte nichts... wie es geht, wenn das Erwartete da ist und die Spannung uns losläßt: Man wird einen Augenblick lang aufgehoben aus dem Zusammenhang, gehißt ins Nichtwirkliche. Dann wird man fallengelassen in irgendeine Tiefe, von der man erst langsam wieder an die Oberfläche zurückkommt. Das Gefühl setzt aus.

Plötzlich hörte ich eine Stimme, die sagte: »Also, das heißt, daß ich im nächsten Monat in Paris bin.«

Ich begriff nicht gleich, wer sprach. Ich hatte den Neger völlig vergessen. Da saß er an seinem Laternenpfahl, hob das grinsende Gesicht zu mir auf und wiederholte mehrmals in mein dumpfes Erstaunen hinein: »Jawohl Señora, im nächsten Monat geht es nach Paris.«

Ich konnte ihn nur anstarren. Irgendwie schien mir das Gleichgewicht abhanden gekommen. Da begann er zu singen:

Bim Bam,
Der Krieg ist aus.
Jetzt fahren sie nach Haus

sang er und schwang den Kopf im Takt und kaute Erdnüsse. Er strahlte vor Glück. Nein, er war nicht im leisesten betrunken.

»Por favor«, fragte ich, »was sagen Sie da?«

»Ganz einfach«, antwortete er, vergnügt, daß ich ihm endlich meine volle Aufmerksamkeit zu schenken schien, »ich arbeite bei... (er nannte den Namen eines französischen Flüchtlings, der den Krieg hier draußen verbracht hatte). Er hatte ein Kino in Paris. Er fährt jetzt sofort zurück. Und mich nimmt er mit. Bim Bam, Bim Bam.«

Ich starrte ihn immer noch an. Mit sichtlicher Selbstzufriedenheit fuhr er fort. »Si, Señora«, sagte er, »ich bin schon seit drei Jahren bei ihm. Jedesmal, wenn ich die Arbeit satt hatte und drauf und dran war, davonzugehen und ein paar Monate lang nichts zu tun, dann dachte ich an Paris und verkniff es mir. Aber in der letzten Zeit wurde es mir wirklich zuviel, all die Arbeit und die ewige Warterei. Da versprach ich meinem Heiligen eine Kerze, wenn er in diesem Monat dafür sorgen wolle, daß der Krieg endlich aufhört. Das war eine gute Idee. Es hat sofort genutzt. Schade, daß es mir nicht eher eingefallen ist! ›Bim Bam, jetzt fahren sie nach Haus‹, und ich geh mit.«

Ob ich Paris kenne? Ja, ich kannte es. Und war es wirklich wahr, daß man dort keine Kochbananen aß. Ich konnte ihm nur bestätigen, daß er gut unterrichtet war. »Zu komisch«, sagte er, »was die Leute alles hermachen aus einem Ort, wo es nicht einmal Kochbananen gibt! Aber es ist mir gleich. Ich habe so lange darauf gewartet. Jetzt ist der Krieg vorbei, und jetzt geht es nach Paris, Kochbananen hin oder her.«

Bim Bam,
der Krieg ist aus,
Bim Bam.

Ich hörte ihn weiter singen, wie ich nach Hause ging, noch ganz benommen.

E. stand schon vor der Haustür, blaß und aufgeregt. »Es ist

vorbei«, rief ich, »zu Ende, endlich zu Ende! Denk dir, die Franzosen machen schon Pläne für die Heimfahrt. Selbst der zerlumpte Neger da drüben am Straßenrand hat seine Fahrkarte nach Europa in der Tasche.«

Im Nebengarten zog der Chauffeur von Don Abelardo die Fahne hoch. Schon war sie höher als unsere Kokospalmen. Schweigend gingen wir hinauf und hängten die Landesfahne über das Geländer der Terrasse.

Die Insel und der einohrige Kater[1]

Ich lebte auf einer Insel, die war ganz anders als die Inseln, die ihr kennt. Nachmittags pünktlich um fünf flogen die Papageien über das Haus, eine grüne Wolke. Wie Tauben, aber eben grün. Sie kreisten nicht, sie flogen vorbei, und sie unterhielten sich sehr laut, in ihrer eigenen Sprache. Wir können ihre Sprache nicht lernen, das wißt ihr. Aber sie können die unsere lernen.

Auf die Insel war ich ganz plötzlich gekommen. Ein kleines Flugzeug landete auf dem Wasser, vor der Insel. Also auf dem Meer, welches dort sehr blau ist, natürlich. Ich saß in dem Flugzeug. Die Tür wurde aufgemacht. Vor der Tür war ein Holzsteg: zwei Bretter und ein Geländer, wie wenn ihr auf ein Ruderboot geht. Vor den Holzbrettern war der Boden der Insel. Hinter mir fuhr das Flugzeug ab. Da hatte ich keine Wahl. Auf dem Holzsteg kann keiner bleiben. So kam ich auf die Insel. Lange Jahre kam kein Flugzeug mehr, um mich abzuholen. Daher blieb ich dort wohnen. Ich hatte es bequemer als Robinson, es wohnten schon Leute dort. Von denen erzähle ich gleich.

Das Schönste war, daß der Himmel immer blau war. Außer nachts, natürlich. Aber auch nachts war es sehr sehr hell. Das kam davon, weil die Sterne und der Mond größer waren. Der Mond legte sich auf den Rücken, als liege er in einer Wiege. Ganz anders als hier. Wenn er voll war, konnte man bei seinem Licht lesen, und er machte den Bäumen kleine Schatten, deutlichere als bei uns an einem grauen Tag.

Weil es immer blau war und auch sehr heiß, hatten die

[1] *Berichte von einer Insel.*

Häuser nur Fensterlöcher, aber keine Fenster. Ja, ganz sicher. Wozu hätten die Häuser denn Fenster haben sollen, wenn es immer blau und heiß war. Wenn es regnete, machte man einfach die Fensterläden zu. Dann wurde es dunkel im Zimmer, wie nachts, wo man sie auch schloß. Es regnet dort aber nur kurz, und gleich ist es wieder blau.

Wenn es dort regnet, ziehen die Leute die Schuhe aus. Die armen Leute, natürlich. Das sind aber sehr viele. Denn sie haben nur ein Paar Schuhe, und die schonen sie mehr als die Füße. An vielen Orten der Welt ziehen sich die armen Leute die Schuhe aus, damit sie nicht naß werden, wenn es regnet.

Die Leute, die dort wohnen, haben braune Füße. Wie Milchkaffee oder wie Schokolade. Manche auch schwarz. Und überhaupt sind es dunkelhäutige Leute. Man denkt, das sei ein großer Unterschied. Ich weiß es besser. Denn einmal kam ich in ein Krankenhaus, da lag ein Bein in einer Kiste, es war abgeschnitten worden. ›Amputiert‹, sagen die Ärzte. Es war ein schwarzes Bein, fast wie Kohle so schwarz. Da lag es in der Kiste, und ich konnte nicht wegsehen, obwohl ich auch nicht hinsehen wollte. An der Stelle, wo es abgehackt war, sah man das Bein von innen. Die schwarze Haut war nicht dicker als eine Apfelschale. Darunter war das Bein rot. Genau wie alle Beine, auch die euren, innen rot sind. Ihr seht es, wenn ihr hinfallt.

Wie ich nach Hause ging und an die Bananenpalmen kam mit ihren fetten Blättern, und die Bananen sahen sehr grün und sehr langweilig aus, viel langweiliger als Äpfel, da kam mir eine kleine Katze entgegen. Sie war sehr schön und sehr gestreift. Sie hatte nur ein Ohr. Ich hatte nie eine einohrige Katze gesehen. Ich könnte euch viel von der Katze erzählen, denn wir wurden Freunde, die einohrige Katze und ich. Aber heute geht es nicht mehr. Nur, daß es ein Kater war und keine Katze, das will ich euch noch sagen. Man sieht sofort, was ein Kater ist: Die Kater haben viel dickere Köpfe.

All das, was ich hier erzählt habe, ist wahr. Ihr könnt jeden fragen.

— Ob es wahr ist, daß die Kater dickere Köpfe haben als die Katzen?

— Ob es wahr ist, daß die Haut dünner als eine Apfelschale ist und daß die Menschen darunter gleich sind?

— Ob es wahr ist, daß die armen Leute mehr Angst um ihre Schuhe als um ihre Füße haben?

— Ob der Mond auf dem Rücken liegt, am tropischen Himmel, und ob man bei Nacht dort lesen kann?

— Ob die Papageien unsere Sprache lernen können, aber wir nicht die ihre?

Alles das weiß jeder, der ein bißchen was weiß. Nur was den einohrigen Kater angeht, müßt ihr zu mir kommen, denn wenigen Leuten ist in ihrem Leben eine einohrige Katze begegnet, obwohl es eine Insel gibt, auf der die Katzen keine Schwänze haben. Keine Katze dort hat einen Schwanz. Und das wieder ist eine Sache, danach könnt ihr jeden fragen. Und es ist auch eine ganz andere Insel, viel näher bei uns.

Rückwanderung[1]

Für Ramona Rodríguez, »pobre de solemnidad« früher Jarabacoa (Cibao). Zur Zeit wohnhaft in einem Hüttenhinterhof hinter dem »Neuen Markt«, Santo Domingo R. D.

Gerade verlern ich
den Wert
der leeren
Konservendose.

Gerade habe ich gelernt
eine Blechdose fortzuwerfen
mit der meine Freundin Ramona
dem Gast
mit der meine Freundin Ramona
mir
das Wasser schöpft
aus dem großen irdenen Krug
in der Ecke der Hütten
wenn mich dürstet
am Rande der Welt.

Gerade lerne ich bei euch
den Wert einer leeren
Blechdose
zu vergessen.

[1] *Hier*, S. 30.

Hilde Domin interviewt Heinrich Heine
1972 in Heidelberg

Die ›Antworten‹ Heines sind wortgetreue Zitate, zumeist aus seinen späteren Prosaschriften. Wo, um der Zügigkeit des ›Gesprächs‹ willen, Auslassungen vorgenommen wurden, sind diese, wie üblich, durch Pünktchen angegeben. In einem einzigen Fall (›Antwort‹ 6) wurde ein obsoleter terminus der damaligen Polemik gegen einen zeitgenössischen ausgetauscht (ein Aristokrat = elitär). In ›Antwort‹ 2 sind zwei verschiedene Emigrationsberichte benutzt. Sonst keine Montagen.

Domin: Herr Heine, ich möchte Sie zu einigen aktuellen Problemen befragen:
»Die ganze Zeitgeschichte ist jetzt nur eine Jagdgeschichte. Es ist jetzt die Zeit der hohen Jagd gegen die liberalen Ideen... Und es fehlt nicht an gelehrten Hunden, die das blutende Wort heranschleppen. Berlin füttert die beste Koppel, und ich höre schon, wie die Meute losbellt«, so schrieben Sie 1931.
Heine: Am 8. März 1831.
Domin: Verzeihen Sie. Man vertut sich so leicht in den Jahrhunderten.
Heine: Die heimatliche Luft ward mir täglich ungesünder, und ich mußte ernstlich an eine Veränderung des Klimas denken. – Seit dem Mai 1831 lebe ich in Frankreich.
Domin: Ich verließ Deutschland 1932. Die Luft war kaum mehr zu atmen, obwohl nicht alle es gleich merkten. Wie finden Sie sie denn heute bei uns, z. B. für die Dichtung?
Heine: Wenn man auf den Rock schlägt, trifft der Hieb auch den Mann, der im Rocke steckt, und wenn man über die

poetische Form des deutschen Wortes spöttelt, so läuft auch manches mit unter, wodurch das deutsche Wort selbst verletzt wird.

Domin: Das deutsche Wort, Sie betonen das so sehr. Gerade Sie haben es doch fertiggebracht, als Emigrant draußen auch französisch zu veröffentlichen. Und mit Erfolg.

Heine: Dieses Wort ist ja eben unser heiligstes Gut..., ein Vaterland selbst demjenigen, dem Torheit und Arglist ein Vaterland verweigern.

Domin: Sie sind der erste, der es so formulierte. Nur hundert Jahre vor dieser endgültig letzten Generation deutsch-jüdischer Dichter. Denn wir, die Überlebenden dieser Verfolgung, sind die Letzten in der deutschen Geschichte.

Heine: ...während die moderne deutsche Dichtung von mir eröffnet ward.

Domin: Man sagt, sie sei jetzt am Ende, man fordert die Totalvertreibung aller Dichter aus dem Wort. Alle wohnen ja in ihm, auch die, die den Boden unter den Füßen behalten durften. Es wird der Lyrik bei uns das Lebensrecht abgesprochen: weil sie elitär und undemokratisch sei. Haben Sie davon gehört?

Heine: Ja, die Gesellschaft ist ihrem Wesen nach republikanisch... Der Lorbeer eines großen Dichters war unseren Republikanern ebenso verhaßt, wie der Purpur eines großen Königs.

Domin: Hier lehnt man zwar Gedichte pauschal ab, als politisch unwirksam. Zugleich verlangt man aber Gedichte für alle, und jeder soll sie schreiben können.

Heine: Vielfach hörten wir die Behauptung: »Der echte Demokrat schreibt wie das Volk, herzlich, schlicht und schlecht...« Aber nicht jedem ist es gegeben, schlecht zu schreiben..., und da hieß es gleich: »Der ist elitär, ein Liebhaber der Form, ein Freund der Kunst, ein Feind des Volks.«

Domin: Als ich kürzlich öffentlich sagte: »Bei Hitler hieß das: Schreiben, daß es jeder SA-Mann versteht«, warf man mir

›billigen Antifaschismus‹ vor. Auch noch ›billigen‹! Wer hätte das in der Bundesrepublik für möglich gehalten!

Heine: In der Tat, bei dem wunderlichen Wechsel der Losungsworte und Repräsentanten in dem großen Kampfe...

Domin: Es ist ein Trost, daß die Dichtung ihre Gegner überdauert. »Jedwedes lichtgeborene Wort / wirkt durch das Dunkel fort und fort«, schrieb Loerke 1941, als sein Testament.

Heine: Jede Zeit glaubt, ihr Kampf sei vor allen der wichtigste... obgleich historische Ahnung uns sagt, daß einst unsere Enkel auf diesen Kampf herabsehen werden, vielleicht mit derselben Gleichgültigkeit, womit wir herabsehen auf den Kampf der ersten Menschen, die gegen ebenso gierige Ungetüme, Lindwürmer und Raubriesen zu kämpfen hatten.

Domin: Sie hatten ja auch Schreibverbot, wie Loerke, wie so viele. Ihre politischen und religiösen Schriften durften nicht mehr verbreitet werden, seit dem Jahr 35.

Heine: Ihr kennt den Bundestagsbeschluß vom Dezember 1835, wodurch meine ganze Schriftstellerei mit dem Interdikt belegt war... Ich wußte, daß es der schnödesten Angeberei gelungen war..., glauben zu machen, ich sei das Haupt einer Schule, welche sich zum Sturze aller bürgerlichen und moralischen Institutionen verschworen habe.

Domin: Auch für mich sind Denunzianten das Ärgste.

Heine: Wer je seine Tage im Exil verbracht hat... wer die harten Treppen der Fremde jemals auf und ab gestiegen, der wird begreifen...

Domin: Beide Deutschland reklamieren Sie heute. Sie werden in vielen Ausgaben gedruckt. Und es scheiden sich die Geister an Ihnen, wie zu Ihren Lebzeiten.

Heine: Man lobt mich oder man tadelt mich, aber stets mit Leidenschaft und ohne Ende. Da haßt, da vergöttert, da beleidigt man mich...

Domin: In diesem Augenblick gehören Sie zu den wenigen Dichtern, die bei uns ›in‹ sind, aus überliterarischen

Gründen sozusagen. Sie und Hölderlin und Hesse, jeder in anderer Verkleidung. Hölderlin, eben noch Naziidol (»wohin mit dem, was da sagt hölderlin und meint himmler«, ich zitiere Ihnen Enzensberger), präsentiert als Andreas Baader, als potentieller Attentäter. Hesse – so isoliert und unglücklich, wie er zuletzt war! – rehabilitiert als Hippie. Sie selber: kanonisiert als Marxist, ein Vor-Benjamin.

Heine: Ich sah die Vögel ausbrüten, welche später die neuen Sangesweisen anstimmten. Ich sah, wie Hegel mit seinem fast komisch ernsthaften Gesichte als Bruthenne auf den fatalen Eiern saß, und ich hörte sein Gackern.

Domin: Bitte, was halten Sie von der politischen Dichtung? Der einzigen, die man hier allenfalls noch duldet?

Heine: »Zwecklos ist mein Lied. Ja zwecklos
Wie die Liebe, wie das Leben,
Wie der Schöpfer samt der Schöpfung.
…
Mein geliebter Pegasus
Ist kein nützlich tugendhafter
Karrengaul des Bürgertums,
Noch ein Schlachtpferd der Parteiwut,
das pathetisch stampft und wiehert!«

Domin: Da sind wir einer Meinung. Schreiben ist ohne ›Zweck‹. Die ›Zwecke‹ wachsen dem Geschriebenen zu: auf seinem Weg vom Autor zum Leser. Auch Enzensberger (ich stütze mich gern auf Enzensberger, er ist kanonisiert, ich nicht) war unserer Meinung. Seither sagte er: »Keine Gedichtbände, sondern Analysen und Steine.« Was denken Sie hierzu?

Heine: Werden wir mit dem System des Comité de salut publique oder mit dem System des Ordre légal den Kursus eröffnen? Diese Fragen durchzittern alle Herzen, und wer etwas Liebes zu verlieren hat, und sei es nur den eigenen Kopf, flüstert bedenklich: Wird die deutsche Revolution eine trockne sein oder eine naßrote –?

Domin: Und wovon soll das abhängen nach Ihrer Meinung?

Heine: Von dem moralischen Zustand des Volks, und besonders von seiner politischen Bildung.

Domin: Sie sind ein Aufklärer par excellence.

Heine: Das ist ja eben der Segen der Pressefreiheit, sie raubt der kühnen Sprache des Demagogen allen Zauber der Neuheit, ... neutralisiert sie durch ebenso leidenschaftliche Gegenrede, und sie erstickt in der Geburt schon die Lügengerüchte, die, von Zufall oder Bosheit gesät, so tödlich emporwuchern im Verborgenen ... Es ist nicht weniger wahr ..., daß dort, wo die Ideenguillotine gewirtschaftet, auch bald die Menschenzensur eingeführt wird, daß derselbe Sklave, der die Gedanken hinrichtet, das Henkeramt auch an Menschen verrichten werde.

Domin: Die Guillotine ist außer Mode. Man benutzt Gefängnisse, Arbeitslager, Irrenanstalten für die Menschenzensur. Bei uns, in der Bundesrepublik, ist die Pressefreiheit garantiert durch das Grundgesetz. In Wahrheit findet ein Ringen um die Meinungsmaschinen statt.

Heine: Diese Geisteshenker machen uns selbst zu Verbrechern, und der Schriftsteller, der wie eine Gebärerin während des Schreibens gar bedenklich aufgeregt ist, begeht in diesem Zustande sehr oft einen Gedankenkindermord, eben aus wahnsinniger Angst vor dem Richtschwerte des Censors.

Domin: Dahin kommt es gar nicht erst, zumindest nicht bei uns. Ein kluger Mann hat gesagt: wir brauchen keinen Propagandaminister und keinen Zensor mehr, jeder denkt von selbst, was er denken soll. Die konformierende Kraft unserer Apparatur hat etwas Unheimliches. Unabhängigkeit wird geradezu unter Strafe gestellt.

Heine: Nur die schlechten und ordinären Naturen finden ihren Gewinn bei der Revolution. Schlimmsten Falles, wenn sie etwa mißglückt, wissen sie doch immer zeitig den Kopf aus der Schlinge zu ziehen. Aber möge die Revolution gelingen oder scheitern, Männer von großem Herzen werden immer ihre Opfer sein.

Domin: Das ist die Enttäuschung. Weil ein Freund Ihrer Gruppe Sie denunziert hat.

Heine: Immer war ich ein Kämpfer der Revolution und der demokratischen Ideen.

Domin: Sie kommen aus dem Zwiespalt nicht heraus. Immer sehen Sie die Doppelköpfigkeit jeder Erfahrung. Gerade das macht Sie zu unserm Zeitgenossen.

Heine: Wir ergreifen keine Idee, sondern die Idee ergreift uns... und peitscht uns in die Arena hinein, daß wir, erzwungene Gladiatoren, für sie kämpfen.

Domin: Sie sind vorhin auf Hegel ausgewichen. Ihre Stellung zu den Kommunisten?

Heine: In der Tat, ich denke mit Grauen und Schrecken an die Zeit, wenn diese Bilderstürmer an die Herrschaft kommen. Mit ihren schwieligen Händen werden sie die Schönheit und all ihre Marmorstatuen zerschlagen... und alle Spielzeuge und allen Firlefanz der Kunst, die der Dichter so geliebt hat, ...die Rosen, diese müßiggängerischen Bräute der Nachtigallen, werden das gleiche Schicksal erleiden. Die Nachtigallen, die unnützen Sänger, werden verjagt werden. Und aus meinem *Buch der Lieder* wird der Krämer Tüten drehen, um den alten Weibern der Zukunft Kaffee und Tabak darin einzuwickeln. Ich sehe all dies voraus, und eine unbeschreibliche Traurigkeit erfaßt mich, bei dem Gedanken an den drohenden Ruin meiner Verse und der ganzen romantischen alten Welt durch das siegreiche Proletariat.

Domin: Nichts von alledem ist eingetroffen. Hat Stalin den Rosen oder seinen Mitkämpfern die Prozesse gemacht? In Moskau hat man Untergrundbahnstationen aus Marmor, mit Kristalleuchtern. Und in der DDR wird die größte Heine-Ausgabe aller Zeiten vorbereitet.

Heine: Eine generöse Verzweiflung erfaßt mich und ich rufe: sie ist seit langem gerichtet und verurteilt, diese alte Gesellschaft. Möge Gerechtigkeit geschehen... Und gelobt sei der Krämer, der eines Tages Tüten drehen wird aus meinen

Gedichten, um den guten alten Weibern der Zukunft, die in unserer jetzigen ungerechten Welt auf diese Annehmlichkeit verzichten müssen, Kaffee und Tabak darin einzuwickeln. Fiat iustitia, pereat mundus.

Domin: Herr Heine, ich bitte Sie, Ihre Manuskripte sind wohlbehütet: in Düsseldorf, in Weimar, in Paris. Aber die Gerechtigkeit? Die Menschenzensur? Mißverstehen Sie mich nicht. Die Bundesrepublik ist der gutartigste und freiheitlichste Staat, den es je auf deutschem Territorium gab.

Heine: Ich habe nie großen Wert gelegt auf Dichterruhm... ich war ein braver Soldat im Freiheitskampf der Menschheit.

Domin: Wenn erst der Mensch zum Roboter wird, dann ist es aus mit diesem Kampf, »dann treten wir ein in ein Zeitalter, in dem es nicht ›wahr‹ noch ›unwahr‹ mehr gibt: in einen Schlaf oder Alptraum, aus dem nichts uns aufweckt«, sagte einer Ihrer Franzosen, Merleau-Ponty.

Heine: Wenn einst, was Gott verhüte, in der ganzen Welt die Freiheit verschwunden ist, so wird ein deutscher Träumer sie in seinen Träumen wieder entdecken.

Domin: Deutschland, Heine? Da sind Sie doch genauso zerrissen wie in der Frage der Revolution.

Heine: Deutschland, das sind wir selber.

Domin: Die Leidenschaft, mit der Sie das sagen. Ich kenne das.

Heine: Man kann sein Vaterland lieben, und achtzig Jahre dabei werden und es nicht gewußt haben. Aber man muß dann auch zu Hause geblieben sein. Das Wesen des Frühlings erkennt man erst im Winter... So beginnt die deutsche Vaterlandsliebe erst an der deutschen Grenze.

Domin: Wenn das die Düsseldorfer lesen, werden sie vielleicht geneigter sein, die Universität nach Ihnen zu benennen. Auch wenn Ihre Stilisierung zum Vor-Benjamin ein Körnchen Wahrheit enthält.

Heine: Bereits Moses war ein solcher Sozialist, obgleich er als ein praktischer Mann bestehende Gebräuche, namentlich in bezug auf das Eigentum, nur umzumodeln suchte... Freiheit war immer des großen Emanzipators letzter Gedanke, und dieser atmet und flammt in allen seinen Gesetzen, die den Pauperismus betreffen.

Domin: Wissen Sie nicht, daß Israel als Hort des Imperialismus gilt, bei einem Teil der antiimperialistischen Jugend der Welt?

Heine: 48 schien diese Frage auf immer erledigt, aber, wie mit so vielen andern Errungenschaften deutscher Hoffnung mag es jetzt in unserer Heimat auch mit besagter Frage sehr rückgängig aussehen.

Domin: ›Rückgängig‹? Da täten Sie der Bundesrepublik Unrecht. Ich sprach von einem internationalen Affekt. Rassenhaß gibt es hier kaum mehr, und schon gar nicht bei der jungen Generation. Haß hat neue Überschriften, heute, die Fanatisierung ist fürchterlich, hier unter uns. Der Gruppenhaß, die Zerstörung des Dialogs. Sachlichkeit ist ein Schimpfwort geworden.

Heine: Aus Gemütestiefe quillt er,
  Deutscher Haß! Doch riesig schwillt er,
  Und mit seinem Gifte füllt er
  Schier das Heidelberger Faß.

Domin: Vielleicht möchten Sie bei dieser Gelegenheit Heidelberg noch ein wenig besichtigen.

Heine: Seit... Jahren habe ich keine deutsche Nachtigall gehört.

Domin: Die Nachtigall? Das ist vorbei. Die Industrie hat sie ermordet. Suleikas Westwind ist auch nicht mehr, was er war. »*Blumen, Auen, Wald und Hügel,* / *stehen bei deinem Hauch*« – nein, nein: ›in Tränen‹, *im Smog*. Die Abgase von Ludwigshafen und Mannheim. Sie wissen. Aber das Faß ist ganz, wie Sie es kennen, und nur wenige Schritt von hier. Auch zur Universität sind es nur fünf Minuten. Dort können Sie im Innenhof beim Hexenturm lesen, mit rotem Farbspray angespritzt: »Zerschlagt dem Frieden die

Schnauze«. Es ist natürlich nur eine Minderheit, ich sagte das schon. Aber sehr aktiv.
Heine: »*Es bebte mein Fuß vor Ungeduld / Daß er deutschen Boden stampfe.*«
Domin: Heinrich Heine, wir danken Ihnen für dieses Gespräch.

R. A. Bauer interviewt Hilde Domin
1972 in Heidelberg

Bauer: Ein Ende der Poesie lasse sich nur denken als Ende der Menschheit, hat Erich Fried unlängst beim Literatur-Symposion im Klagenfurter Stadthaus gesagt. Wie ist Ihre Meinung dazu, verehrte Hilde Domin?

Domin: Wir waren uns in diesem Punkte gänzlich einig: auch Wellershoff, auch Jandl, auch Jürgen Becker. Ich habe das (in *Wozu Lyrik heute?*) so formuliert: »Es ist das gleiche Wasser, das dem Menschen und der Kunst am Halse steht.« Statt von einer Krise der Literatur sollten wir von einer Krise des Menschseins sprechen.

Bauer: Günter Herburger vertrat dagegen die kühne These, in einer konkreten Demokratie sei das Ende der exklusiven Herstellung von Poesie zugleich der Anfang einer »Poesie für alle, in einer Gesellschaft ohne Überbau«. – Teilen Sie diese Auffassung?

Domin: Eine romantische und irrationale These, die auf heftigen Widerspruch stieß, nicht nur bei mir. Das Verlangen, jeder solle künftig ein Dichter sein, ist ebenso sinnlos, wie wenn jeder Autofahrer auch gleich sein Fahrzeug selber konstruieren sollte. Diese Realitätsblindheit ist unvereinbar z. B. auch mit dem Satz von Karl Marx: »Jeder nach seinen Fähigkeiten.«

Bauer: Sie selbst haben vor zwei Jahren bei der PEN-Tagung in der Darmstädter Orangerie das kritische Wort vom ›Vorauskonformismus‹ geprägt und erklärt, die Autoren seien aufgerufen, »die Fakten der Wirklichkeit zu benennen«. Was, beispielsweise, verstehen Sie darunter?

Domin: ›Vorauskonformismus‹ ist nicht nur der Versuch, heute ›richtig zu liegen‹, sondern das Bestreben, sich auch für morgen günstig zu betten. Daher wirkt Vorauskonformismus gleichschaltend auch in Hinsicht auf Zukunft: durch Anbiederung an noch nicht bestehende Machtverhältnisse werden diese erst herbeigebracht. Nur durch das unerschrockene Benennen der Fakten wird Wirklichkeit überhaupt deutlich. Klischees decken sie zu. Die Worte aber entleeren sich und müssen unablässig up to date mit der Wirklichkeit gebracht werden, wenn sie nicht zu Klischees erstarren sollen. Das ist naturgemäß Sache der Worthandwerker, also der Schreibenden. Dazu bedürfen sie des Muts, unbequem zu sein.

Bauer: Sie, Hilde, Domin, haben über zwei Jahrzehnte als Emigrantin im Ausland gelebt und sind 1954 in die Bundesrepublik heimgekehrt. Spuren dieser Heimkehr sind in Ihrem Roman *Das zweite Paradies* verzeichnet. War dieses Buch für Sie eine Art Befreiungsakt, so etwas wie eine ›Wiedergeburt‹?

Domin: ›Wiedergeburt‹, das war, als ich plötzlich anfing zu schreiben. Diese Wiedergeburt läßt sich genau datieren: auf den November 1951, fast drei Jahre vor meiner Rückkehr. Im übrigen ist jedes Buch ein ›Befreiungsakt‹. Auch jedes Gedicht. Benennen, ins Wort bringen, also ›objektivieren‹ macht frei – oder doch freier. Die Erfahrung von Exil, und Rückkehr aus dem Exil, ist in meiner Lyrik ebenso da wie in der Prosa.

Bauer: In einem Selbstporträt haben Sie bekannt, Sie seien damals »heimgegangen in das Wort«. Das Wort aber sei das deutsche Wort gewesen. Und deshalb seien Sie wieder zurückgefahren über das Meer. – Wie ist das mit so einer Heimkehr, lebt da nicht alle Bitterkeit nach kurzer Euphorie wieder auf?

Domin: Ich glaube nicht, daß Sie in meinem Werk Bitterkeit finden werden. Ich bin kein Mensch, der zurückblickt, ich sehe alles auf Zukunft an. Und was die Bundesrepublik betrifft, so ist sie für mich zwar nicht das bestdenkbare, aber das gutartigste und reformfreudigste Deutschland, das je – seit dem Jahre 9 A.D. – auf diesem Territorium existiert hat.

Bauer: In Ihrem unlängst erschienenen, stark beachteten Band *Nachkrieg und Unfrieden – Gedichte als Index 1945–1970* vertreten Sie die Auffassung, daß es die Politisierung sei, die der Literatur den Garaus zu machen droht, »indem sie das Interesse der Lesenden wie der Schreibenden zunehmend monopolisiert«. – Sehen Sie, beispielsweise, in der zunehmenden Politisierung der Schriftstellerverbände eine Gefahr für die Literatur und: Warum?

Domin: Das muß man scharf auseinanderhalten. Die Politisierung der Schriftsteller als Staatsbürger ist eine Sache. Die Programmierung der Lyrik als politische Pflichtübung ist etwas ganz anderes. »Der politische Auftrag des Gedichts ist, sich jedem Auftrag zu verweigern«, sagte Enzensberger, der dann radikal eine Absage an Literatur verlangte, aber selber doch weiter Gedichte schrieb: weil sie ihm notwendig sind wie das Atmen. Ich selber habe mich nie gegen politische Thematik als solche ausgesprochen, wo das politische Ereignis für den Autor zur eigenen Sache wird, so eigen wie der eigene Tod oder das eigene Tötenmüssen. Ich habe mich nur gegen die serienweise Ablieferung versifizierter Leitartikel gewandt. Daß diese weder der Literatur noch der Politik dienen, darüber herrscht inzwischen wohl consensus.

Bauer: Für Sie, Hilde Domin, sei »das Gedichteschreiben ein elementarer menschlicher Akt«, hat Dieter Fringeli von Ihnen gesagt, und das Gedicht sei für Sie ein »Garant der Freiheit«. Trifft das zu und: Glauben Sie, daß Poesie darum auch in Zukunft sein muß und sein wird?

Domin: Ja, das glaube ich, und das ist auch nachweisbar. Selbst Herbert Marcuse hat sich neuerdings (Köln, 1971) auf diese Seite geschlagen und es als »objektiv reaktionär« bezeichnet, Dichtung als bürgerlich und obsolet abzutun. Gesellschaft ohne Kunst, gleichgültig welche, sei Barbarei, hat er gesagt.

Bauer: Joachim Günther hat Ihnen mit Wohlwollen unterstellt, Sie wollten »die Henker des Gedichts« gewissermaßen umstimmen, ergo »einen weitreichenden Prozeß in letzter Minute vor der Urteilsvollstreckung aufhalten«. – Wie sehen Sie die ›Zielrichtung‹ Ihrer poetologischen Bemühungen?

Domin: In der Tat, ich verteidige die Poesie in der Sprache ihrer Gegner. (Wozu sollte ich sie in der Sprache ihrer Freunde verteidigen?) Das ist eine produktive Denkübung, macht die Theorie fit. Übrigens ist diese täglich angedrohte Hinrichtung der Poesie ein spezifisch bundesdeutsches Phänomen, anderwärts, in Rußland z. B. oder der USA, geht es ihr bestens. Sie ist vital, und man munkelt, daß bei den durch die Ostverträge möglich gewordenen außerordentlichen Kontakten die Totengräber der Literatur von den dortigen Kollegen als antiquiert bezeichnet werden – wieder mal bundesdeutscher Nachholbedarf.

Bauer: Auf die Frage, wie Ihre Gedichte entstehen, haben Sie einmal geantwortet: »Sie kommen von weit her... als zöge ein Magnet sie herbei...« – Also halten Sie wenig von der ›Machbarkeit‹ moderner Verse?

Domin: Assoziationen, auch fernliegende, ordnen sich plötzlich zu ›Mustern‹, wenn ein Auslöser da ist. Der Schaffensprozeß selber ist ein schizophrener Vorgang. Der Schreibende spaltet sich in eine Art Anlieferer und in eine Kontrollinstanz, in »einen Heißen und einen Kalten«, wie ich das nannte. Der Kalte wacht über das Handwerkliche, also über das ›Machen‹. Beide sind nötig. Lyrik mobilisiert den ganzen Menschen, Emotion und Ratio: beim Autor wie beim Leser.

Bauer: Ein Gedicht gehöre nicht dem Autor, sondern dem Leser, haben Sie gesagt. Steht das nicht im Widerspruch dazu, daß Gedichte exklusiv und elitär seien?

Domin: Daß das Gedicht nicht mehr dem Autor, sondern den Lesern gehört – gerade das ist, wenn Sie so wollen, das ›Demokratische‹ am Gedicht: daß es von jedem Leser

›gebraucht‹ werden kann, der in die entsprechende Grundsituation gerät, ja daß jeder Leser die Stelle des Autors einnimmt, insoweit er das Gedicht zu dem Seinen macht.

Bauer: Aus Ihrer Feder stammt ein bemerkenswertes Wort: »Jedes Gedicht ist ein Aufruf gegen Verfügbarkeit, gegen Mitfunktionieren. Also gegen die Verwandlung des Menschen in den Apparat.« Was dasselbe oder schlimmer sei, als die Verwandlung in den Unmenschen.

Domin: In der Tat, das Gedicht macht den Leser zum Subjekt, wo er sonst bloßes Objekt seiner Funktion wäre. Es läßt ihn die eigenen Erfahrungen gleichzeitig als persönliche und exemplarische begreifen. Je mehr im Menschen das Bewußtsein der eigenen Identität geschärft wird – wir leben ja in einer Identitätskrise wie einer Kommunikationskrise –, um so weniger taugt er zum Roboter.

Bauer: Sie haben wesentlichen Anteil an der Erneuerung der deutschsprachigen Poesie, haben auf ›sprachartistische Experimente‹ weitgehend verzichtet. Sie haben gesagt: »Ich verlange also von den Gedichten, daß sie tun, was Gedichte zu tun vermögen: daß sie den Menschen im Leser mobilisieren«. – Wäre das denn ohne Engagement, ohne auch politische Wirklichkeitsnähe überhaupt erreichbar?

Domin: Als ich 1954 wieder nach Deutschland kam, hatte ich bereits hinter mir, und anverwandelt, was hier noch Nachholbedarf war, z. B. den Surrealismus. »Man schreibt wieder Gedichte, die klar und präzise... sind... Man stammelt nicht mehr und man schreit nicht...«, schrieb 1959 Walter Jens beim Erscheinen meines ersten Bandes. Im übrigen halte ich mich für radikal engagiert, ich bin ein politischer Mensch vom Scheitel bis zur Sohle. Dafür hat das Schicksal gesorgt, darin ist keinerlei Verdienst. Meine Gedichte sind ein Aufruf zur Verantwortungsbereitschaft. Verantwortung muß immer neu mobilisiert werden. Von WEN ES TRIFFT, 1953 bis ABEL STEHT AUF, 1970, sehen Sie meinen Weg. Ich bin ein Rufer. Wer würde rufen, ohne den Glauben, daß

Kommunikation möglich ist? Gedichte setzen die Kommunikation voraus, die sie selber stiften.
Bauer: Hilde Domin, wir danken Ihnen für das Gespräch.

10 erprobte Mittel zur Verhinderung des Fortschritts und zur Förderung eines Unmenschen-Nachwuchses (plus ein Gegenmittel als Zugabe)

1   Haupt-, Herz- und Magenmittel zur Bekömmlichmachung der Mittel: Man lasse sie sich vom jeweiligen Zweck heiligen. (Wie das Volk sagt: Ende gut, alles gut. Wir sind geschickter als die Väter waren.)

2   Mittel zur Förderung von Unmenschlichkeit: Man pachte das Gute, exklusiv. Dadurch wird man ein Teil von jener Kraft, die stets das Gute will und doch das Böse schafft.

3   Mittel, sich und andere zu Mitläufern zu erziehen: Man halte sich informiert, wem das Brot zu buttern und wem es zu versalzen ist. Vorsicht, Solidarität kann das schönste Mitläufertum kaputtmachen.

4   Mittel, zum Faschismus zu erziehen: Man wähle die geeignete Kontrastperson (-personengruppe). Man stürze sich auf sie, 100 gegen 1. Es sind keine Menschen wie du und ich, es sind ›Schädlinge‹, gesprächsunwürdig. Scheiße ist (der zweitbeste) Kitt für faschistische Gruppen.

5   Mittel, zur Lauheit zu erziehen: Man tue alles ›ein bißchen‹. Man freue sich ein bißchen, schäme sich ein bißchen, empöre sich ein bißchen. Aber man benutze nie den Wahlzettel, auch nicht ein bißchen.

6   Mittel, das letzte bißchen Zivilcourage zu verlernen: überflüssig, gekonnt.

7 Mittel, das eigene Denken abzugewöhnen: Man halte sich nie an die Fakten, immer an die Klischees.

8 Mittel zur Einführung des leisen Terrors: Siehe oben, unter 3.

9 Mittel zur Einführung des lauten Terrors: Siehe oben, unter 4.

10 Mittel für Journalisten und Redakteure, den demokratischen Standard senken zu helfen: Half the news that is fit to print.

11 Als Draufgabe, gratis: Mittel, sich selbst die Karriere zu versauen: Sei unbequem, zuallererst dir selbst. Schade dir, indem du nicht in Schritt und Tritt gehst, indem du hinsiehst, statt wegzusehen; indem du aufstehst und protestierst, wo alle sitzen bleiben (die unter 2, 3, 5, 6, 7), als hätten sie einen Theaterplatz unter dem Hintern; indem du entscheidest von Fall zu Fall und sogar erst nach Kenntnis des Falles. Damit schadest du dir enorm.

Hier schlägt der Schaden für den Einzelnen in den Nutzen für die Gesellschaft um. Bei den Punkten 1 – 10 findet das Umgekehrte statt.
    Das ist die Dialektik vom Schaden und Nutzen.

Postulat[1]

Ich will einen Streifen Papier
so groß wie ich
ein Meter sechzig
darauf ein Gedicht
das schreit
sowie einer vorübergeht
schreit in schwarzen Buchstaben
das etwas Unmögliches verlangt
Zivilcourage zum Beispiel
diesen Mut den kein Tier hat
Mit-Schmerz zum Beispiel
Solidarität statt Herde
Fremd-Worte
heimisch zu machen im Tun

Mensch
Tier das Zivilcourage hat
Mensch
Tier das den Mit-Schmerz kennt
Mensch Fremdwort-Tier Wort-Tier
Tier
das Gedichte schreibt
Gedicht
das Unmögliches verlangt
von jedem der vorbeigeht
dringend
unabweisbar
als rufe es
›Trink Coca-Cola‹

---

[1] *Ich will dich*, S. 9ff. (DREI ARTEN GEDICHTE AUFZUSCHREIBEN, 3)

Bei der Entgegennahme des Droste-Preises in Meersburg

Ein Literaturpreis ist heute eine heikle Sache. Wie fast schon das Bekenntnis zur Literatur. Daher hat sich bereits ein fester Ritus herausgebildet, wie der – konformistische – Autor eine solche Ehrung anzunehmen hat: Unter kräftigen Beschimpfungsformeln ergreift er das Geld und knallt die Türe hinter sich zu. Das ist die Rollenerwartung in diesem Augenblick.

Ich kann ihr nicht entsprechen, überhaupt keiner Rollenerwartung. Ich bin zum Konformisten ungeeignet. Daher will ich Ihnen offen sagen, daß mich dieser Preis gefreut hat. Wegen Meersburg, wegen der Droste, und auch, weil es der erste größere Preis war, den Nelly Sachs bekommen hat, und weil es dieser Meersburger Preis war, der sie veranlaßt hat, zum ersten Mal wieder nach Deutschland zu kommen. »Eine Märchenfahrt«, wie sie mir damals nach Madrid schrieb. »Empfangen in Zürich mit soviel Liebe, und in Meersburg der Anstand der Jugend« schrieb sie im Juni 1960, denn natürlich hatte sie sich vor der deutschen Jugend gefürchtet wie jeder Rückkehrer in dieser Lage. Wie auch ich mich 1954 gefürchtet hatte. So hat dieser Preis einen vielfach schönen Zusammenhang und ein Mensch wie ich kann gar nicht anders als sich über ihn freuen, auch wenn er weiß, daß Preise einem Werk nichts hinzufügen, das es nicht von sich aus schon hätte.

Da wir aber heute immer wieder unter Anklage gestellt sind, wir, die schreiben (und damit implizite auch Sie, die Juroren, die für diese Aktivität noch Preise geben), was an sich ja gar nicht so schlecht ist – sich rechtfertigen ist, sich immer wieder klar werden, was man tut und ob es das Leben wert ist, es zu tun, denn sonst sollte man es lassen –, so möchte ich an dieser Stelle eine Selbstrechtfertigung vorlesen, die vor

150 Jahren gegeben wurde, und die, glaube ich, selbst Mitscherlich und Marcuse noch zureichend finden würden. 1820, dreiundzwanzig Jahre alt, schrieb die Droste als Begleitbrief zum ersten Teil ihres *Geistlichen Jahrs*: »...ich habe meinem Werk die Spuren eines vielfach gepreßten und geteilten Gemütes mitgeben müssen... es gibt viele Flecken, die eigentlich zerrissene Stellen sind, wo eben die mildesten Hände am härtesten hingreifen... Es ist für die geheime, aber gewiß sehr verbreitete Sekte derer, bei denen die Liebe größer ist wie der Glaube... Ich darf hoffen, daß meine Lieder vielleicht manche verborgene kranke Ader treffen werden, denn ich habe keinen Gedanken geschont, auch den geheimsten nicht.«

Für diese Sekte, die Sekte derer, bei denen die Liebe größer ist als der Glaube, und die (wieder zitiere ich die Droste) »in einer Stunde mehr fragen als sieben Weise in sieben Jahren beantworten können... als ob ein immer erneuertes Siegen in immer wieder auflebenden Kämpfen das einzig zu Erringende sei...«, für diese unorthodoxen und unglücklichen Frager, bei denen die Liebe größer ist als der Glaube, sagte sie, schreibe sie, und für die schreiben wir, haben wir geschrieben und werden wir schreiben, im Osten wie im Westen, denn keine Gesellschaft ist vorstellbar noch wünschenswert, in der diese ›Sekte‹ fehlte.

Offener Brief an Nelly Sachs
Zur Frage der Exildichtung

Liebe Nelly,
ich schreibe Dir diesen Brief, publice. Ich will öffentlich aussprechen, was Du für mich getan hast, denn ich denke, Du hast es für viele getan und kannst es für viele tun. Für alle, die in der einen oder andern Weise an dem gleichen Trauma leiden. Das will ich feststellen, und danach will ich es auch zu analysieren versuchen.

Bei Kriegsende sah ich zum erstenmal Bilder aus den Konzentrationslagern. Viele haben sie damals zum erstenmal gesehen: außerhalb Deutschlands und vor allem auch in Deutschland. Auch in Deutschland, ich wiederhole dies ausdrücklich. (Ich selber war weit weg, auf einer Insel im Karibischen Meer.) Am schlimmsten waren mir die Leichenhaufen: all diese nackten hilflosen Körper, wie ein Lager von verrenkten Puppen übereinander gestapelt. Ich konnte keine nackten Körper mehr sehen, besonders keinen Schlafenden – in den Tropen schläft man ja oft nackt oder fast nackt –, ohne mich zu ängstigen vor den Leichenpuppen, diesen hilflosen Objekten von Anderer Tun. Jeder Liegende wurde mir sofort zur Leiche, zog Trauben von Leichen an. Das habe ich damals nie ausgesprochen, das hätte ich niemandem sagen können, mein Entsetzen war nicht mitteilbar. Sollte ich vielleicht sagen: »Schlafe nicht. Sofort liegen lauter Leichen da«?

Als ich Deine Gedichte las, im Winter 1959/1960, also fast 15 Jahre später, da hast Du meine Toten bestattet, all diese fremden furchtbaren Toten, die mir ins Zimmer kamen. Sie stiegen auf in einem weißen wirbelnden Schaum, sie verloren diese Puppenhaftigkeit der Menschen, denen nur angetan worden war, dies umgekehrte Robotertum, und gingen ein in das Gedächtnis aller Gestorbenen. In Schmerz, aber ohne Bitterkeit lösten sie sich in Deinen Worten und stiegen auf wie ein milchiger Dunst, ich sah es sich auflösen, fortziehen. Sie kamen nicht mehr in dieser Form zu mir zurück. Ich breche in Tränen aus, wie ich dies schreibe, aber ich will es trotzdem aussprechen, und auch öffentlich.

Diese große Katharsis, diese Erlösung haben Deine Gedichte bewirkt, alle wie ein Gedicht: während doch das einzelne Deiner Gedichte den Leser preßt und nur selten am Ende freigibt. Deshalb also habe ich Deine Gedichte mit Leidenschaft gelesen. Ich sehe kein zweites Werk, das diese Toten, diese so besonders unglücklichen Toten unter den vielen schlecht gestorbenen, der Erinnerung der Menschheit einfügt wie das Deine. Das müssen wir alle Dir danken: wir, die Überlebenden. Wir, die verschont wurden als Opfer, und in gleicher Weise die, die überlebt haben auf der Seite der Mitschuldigen. Und die junge Generation, die diese ganze Last erben muß und für die Du sie leichter gemacht hast.

Der Dichter trägt mehr zum ›Weiterleben‹, zum gemeinsamen Weiterleben bei (um diese fatale ›Bewältigung‹ einmal menschlich zu benennen) als alle Politiker zusammen. Du hast diesen Toten die Stimme gegeben. Mit Deinen Worten sind sie – klagend aber doch – gegangen, den Weg, den die Toten gehen. Das konnte nur einer tun, der ein Opfer und ein Ausgestoßener war und zugleich ein deutscher Dichter. Einer, dem die deutsche Sprache zu eigen ist und der also ganz ein Deutscher ist. Und der zugleich ganz zu den Opfern gehört.

Ich kann über all dies mit Unbefangenheit sprechen, mehr als jeder andere. Und ich will es auch tun. In der Paulskirche hörte man, Du seiest ein jüdischer Dichter. Stimmt das? Bist Du, Nelly Sachs, ein ›jüdischer Dichter‹?

Thematisch gesehen bist Du's. Aber was ist ein Jude? Besonders wenn er nicht den Glauben hätte. Du, Glückliche, du glaubst. Aber wenn er nicht den Glauben hätte? Du hast es für uns alle definiert: »An uns übt Gott Zerbrechen«, hast Du gesagt. »Ein Jude ist genau wie die Andern, nur alles etwas mehr«, sagte Shaw sehr witzig, eine Definition, die sich ebensogut wohl auf die Deutschen anwenden ließe, aber doch nur in Grenzen richtig ist. (Die Dichter sind ›alles ein wenig mehr als andere‹, zum Beispiel. ›Lebendiger‹, wenn Du willst. Von den Juden läßt sich das doch nicht so sagen.) Nur in dem also stimmt es: an uns wird etwas mehr ›Zerbrechen‹ geübt als an anderen. Exemplarischer wird es geübt, wieder und wieder, soweit das Gedächtnis des Abendlandes reicht. Bitte, mißverstehe mich nicht, ich glaube nicht, daß wir da sind, damit die conditio humana an uns auf offener Bühne wieder und wieder vollstreckt werde, stellvertretend und ohne Milderung, Lehrbeispiel eines Weltenlenkers, der unser als Demonstrationsobjekt bedürfte. Die Theologen sehen da manchmal eine Art höheres Programm. Ich sehe nur die Tatsache, die sehr irdische, geschichtliche Tatsache, ich stelle sie fest: und mit Grauen. Wie man vieles mit Grauen ansieht, was geschehen ist und geschieht. Was einfach ›wirklich‹ ist. Den Juden ist häufiger und krasser die Rolle des Ecce homo zugefallen, aufgedrängt worden, als anderen. Historisch war es ihnen einfach nicht vergönnt, sich von diesem ihrem Sonderstatus zu befreien.

Du also, in Deinen Gedichten, sprichst von diesem Prügelknaben der Menschheit, von den Juden, und fast nur von ihnen. Und fast nur von diesen, die vernichtet worden sind, vor bald einem Vierteljahrhundert. Und von Dir, dem Dichter, der ihnen nachstirbt. Diesen, die ins Äußerste getrieben wurden, an die Grenze des Menschseins. Und die für die andern zu einem Probierstein gemacht wurden, an dem Nicht-zu-versagen ein Äußerstes an Menschlichkeit verlangte. In einem äußersten, in einem extremen Sinne bist Du daher die Stimme des Menschen. Und Deine Stimme spricht deutsch. Zu Deutschen.

Das gute Buch, las ich kürzlich, sei das Buch des Lesers. Das schlechte dagegen das Buch seines Autors und nur das.

Das gleiche gilt – und in erhöhtem Maße – für das Gedicht. Das gute Gedicht gehört seinem Leser, jedem einzelnen Leser, gleichgültig wann und wo er es liest oder lesen wird. Es erneuert sich mit jedem Leser, wird das Gedicht sehr verschiedener Leser sein, wenn auch nicht alle das gleiche lesen werden: sondern jeder nur die feinste Nuance, die es zu ›seinem‹ Gedicht macht.

In diesem Sinne schon, also grundsätzlich, tritt Deine Person hinter Deinem Werk zurück. Wie die Person eines jeden Dichters hinter dem Werk zurücktritt. Es würde in einem gewissen Maße gleichgültig, ob Du ein Jude bist, ein assimilierter oder nicht, ob Du eine Frau bist, auch, was Du erlebt hast. Wichtig ist nur das Werk, und was Du ins Werk getan hast. Und das wäre nur vom Leser her zu sehen. Man könnte also den Autor wegdefinieren aus seinem Werk, ihn zum Verschwinden bringen in der dünnen Luft der Abstraktion. Hier ›konsequent‹ zu sein, das wäre jedoch ein Taschenspielertrick des Intellekts. Vielmehr frißt das Werk den Autor auf, es nährt sich von seinen Erfahrungen, von seiner ganz besonderen Begegnung mit der Wirklichkeit, dieser unwiederholbaren Verbindung von historischen, sozialen und persönlichen Faktoren. Das Gedicht ist die Essenz des Gelebten: exemplarisch und vollziehbar gemacht. Das Schicksalhafte am Privaten. Suspendierte Zeit, auf einen Punkt gebracht, eingefrorene Augenblicke. Kann der Leser sie für sich wieder ins Fließen bringen? Auch die Augenblicke eines Sonderschicksals wie des Deinen? Denn es ist ein Sonderschicksal. Oder das der Lasker-Schüler oder der Kolmar? Wozu hier von Frauen reden? Das gleiche gilt für Heine und die, die nach ihm kamen, bis hin zu Goll und zu Celan. Ich rechne nicht nach, wer abstammungsmäßig ›dazugehört‹, wir bewegen uns hier in einem geistigen Raum, es geht um die konkrete Realität, die der Dichter zu leben und in Sprache zu verwandeln hat. Das ›Sonderschicksal‹ ist vielleicht der besonderen Erfahrung von Grenzbewohnern vergleichbar, um nur ein Beispiel zu nennen: Je nach den historischen Gegebenheiten, je nach der

Veranlagung, wird beim Einzelnen der Anteil der Sondererfahrung am Gesamt seiner Erfahrung variieren (auch auf verschiedene Ebenen transponiert werden), wobei auf jeden Fall auch das Besondere noch ins Schicksalhafte sublimiert wird. Zumindest beim Dichter von Rang. Er schreibt für alle. Der Dichter, der ein ›Grenzbewohner‹ wäre, auch für die Nichtgrenzbewohner. Niemand weiß ja auch, an welche Grenze es ihn verschlagen könnte. Das ist etwas Exemplarisches. Alle sind wir antastbar. Unter dem einen oder dem andern Vorzeichen.

Daher also schreibst Du für alle. Ganz wie die Droste, ganz wie die Lasker. Oder wie Mombert oder wie Trakl oder wer immer. Und natürlich in erster Linie für die, deren Muttersprache deutsch ist. Und deren Muttersprache deutsch sein wird (oder die doch deutsch wie eine eigene Sprache lesen). Und bist daher ein deutscher Dichter und kannst gar nichts anderes sein. Du, die Du von den Opfern redest und selber mit knapper Not entkamst. Und die Du immer wieder davon krank bist. Davon lebt Deine Lyrik, von dieser großen Spannung, dieser ›Vereinigung des Unvereinbaren‹, die Poesie immer war und heute nur mehr ist, weil die Realität uns äußerste Spannungen zu leben gibt. Dies Merkmal moderner Dichtung, das Paradox, das in aller Munde ist, das wird ja nicht von irgendwo in die Kunstform gebracht, das wird zuerst und vor allem doch gelebt, aufs heikelste gelebt. Da wird einer verstoßen und verfolgt, ausgeschlossen von einer Gemeinschaft, und in der Verzweiflung ergreift er das Wort und erneuert es, macht das Wort lebendig, das Wort, das zugleich das Seine ist und das der Verfolger. Der vor dem Rassenhaß Flüchtende ist nur der Unglücklichste, der am meisten Verneinte unter den Exildichtern überhaupt. Und während er noch flieht und verfolgt wird, vielleicht sogar umgebracht, rüstet sich sein Wort schon für den Rückweg, um einzuziehen in das Lebenszentrum der Verfolger, ihre Sprache. Und so erwirbt er ein unverlierbares Bürgerrecht, als wenn er friedlich hätte zu Hause bleiben dürfen und vielleicht sein Wort nicht diese Kraft einer äußersten Erfahrung hätte, die es so stark macht (oder auch gar nicht erst entstanden wäre). Und er kann nicht anders als die Sprache lieben, durch die er lebt und die ihm Leben gibt. In der ihm doch sein Leben beschädigt wurde. Das äußerste Vertrauen und die Panik fallen hier zusammen, das Ja und das Nein sind nie mehr zu trennen. Entscheidung ist hier vorweggenommen, Versöhnung des Unversöhnlichen generiert sich selbst, ein – wenn auch kleiner, gemessen am Ausmaß des Unheils – Beweis, ein Abglanz noch von ›jener Kraft, die stets das Böse will und stets das Gute schafft‹. Wenn daher alle Dichter das Paradox leben (schon in der zunehmenden Unvereinbarkeit des Innen und des Außen, und auf viele Weisen), so leben die deutschen Dichter jüdischen Schicksals, um sie so zu nennen, in diesem historischen Augenblick, es eben um einige – unwägbare – Grade härter.

Mögen die Gutmeinenden uns kein falsches und sentimentales Etikett umhängen. Die Stimme wird gehört, weil sie eine **deutsche** Stimme ist. Wie würde sie sonst die Menschen in diesem Lande erregen.

Aber wozu bestehe ich eigentlich so darauf, da es doch vorentschieden ist, wie ich sagte, und also der Wille nichts hinzufügen und das Sträuben nichts wegnehmen kann? Nicht das eigene und auch nicht das fremde. Nur durch die physische Ermordung des lebenden Worts, nur durch eine neue Bücherverbrennung ließe sich das so Vereinte trennen. Und selbst dadurch nicht, denn das Wort hat schon gewirkt, fließt schon in anderen Worten weiter. Ich glaube aber, daß es notwendig ist, daß der Tatbestand als solcher in seiner heiklen Widersprüchlichkeit endlich einmal klar analysiert und eingeordnet wird. Sine ira et studio. Das versuche ich. Dazu eignet sich diese Feier zu Deinen Ehren vor allem andern.

Es ist auch kein falscher Nationalismus dabei, wenn ich ›deutsch‹ sage. Wie klänge er gerade auch in unserem Munde. Die deutschen Dichter sind keine ›Fußballmannschaft‹, die mit andern in Wettbewerb träte zu Ehren einer Nationalflagge. Es handelt sich ganz einfach um Gegebenheiten. Die Sprache ist das Gedächtnis der Menschheit. Je mehr Sprachen man lernt, um so mehr nimmt man teil an der Erinnerung des Menschen, die aus allen Sprachen besteht. Die Dichter, vor anderen, halten diese Erinnerung lebendig und bunt. Ich meine: Sie erhalten sie virulent, indem sie die Sprache immer wieder spitz und verwundend machen, die sich dauernd abschleift und entschärft. Das kann jeder nur mit seiner Sprache tun. Die unsere ist eben deutsch. Daß der Ausgestoßene überdies ein besonders waches Verhältnis zum Wort hat, gerade wegen seiner Intimität mit fremden Sprachen, daß er ganz von selbst zum ›Botschafter‹ wird, in die fremden Sprachen die eigene hineintragend, und umgekehrt der Muttersprache ›Welt‹ anverwandelnd, ist nur ein weiteres der Paradoxe, die sein Leben ausmachen.

Die Dichter tragen ja auch nicht nur die Fakten hinzu, zu dem Gedächtnis, wie es die Wissenschaft tut. Sie tragen sie auf eine eigentümliche Weise hinzu. Dafür bist Du ein gutes Beispiel: Deine Dichtung erhält das Unheil lebendig, denn Du bist die Stimme dieser unseligen Toten. Und zugleich erlöst Du von dem Unheil. Wie die Dichter von jeher und für die Zeiten den Schrecken und zugleich die Katharsis des Schreckens mit sich brachten.

Lyrik ist wie ein großes Glockenläuten: damit alle aufhorchen. Damit in einem jeden das aufhorcht, das nicht einem Zweck dient, das nicht verfälscht ist durch die Kompromisse. Und das gilt für das verzweifelte Gedicht, und noch für das negative und das ›ärgerliche‹ Gedicht: Es ist ein Glockenläuten. In Wahrheit gibt es kein Gedicht ›gegen‹, das nicht zugleich, und weit mehr, auch ein Gedicht ›für‹ wäre: Anrufung von Helfern, um gemeinsam etwas Unlebbares zu überkommen. Und darin besteht auch die Katharsis: in einem letzten Glauben an den Menschen, ohne den Lyrik nicht ist. Lyrik wendet sich an die Unschuld eines jeden, an das Beste in ihm: seine Freiheit, er selber zu sein. Das kann kein Elektronengehirn leisten, kein noch so gut funktionierender Apparat. Und auch kein ›funktionierender‹ Mensch. Nur das Ich kann das

›Du‹ des Nächsten sein und seines Bruders Hüter. Seines Bruders Hüter. Dies große Versäumnis!

Nelly, Du bist so sehr weit weg. Nein, nicht in Schweden. Auf dem Wege, »wo die Neuentdeckungen für die Seelenfahrer harren«. Verzeih, daß ich Dich auf diese Weise rufe. Drehe Dich um und sage Deinen jungen Lesern in Deutschland, daß jeder Einzelne gebraucht wird, damit Du die Toten nicht umsonst bestattet hast: im deutschen Wort. Einem Wort der Liebe. Der »Liebe, die die Sonne bewegt und die andern Sterne«, wie der Vater aller Exildichter sagt.

Anhang

Exilerfahrungen
Untersuchungen zur Verhaltenstypik

Das Exil definiere ich als einen Ort, in den der heutige Bundesbürger zu gelangen – erfreulicherweise – keinerlei Möglichkeit hat. Nicht, solange unser Grundgesetz besteht.

Für den Bundesbürger gibt es nur ein sogenanntes ›Exil‹, ein Exil in Anführungszeichen. Es fehlt ihm jedes Charakteristikum. Jeder, der will, kann weggehen, nach Schweden oder nach Italien oder wohin es ihn lockt. Und dann pendeln zwischen dem Wohnort und dem Ort seiner Einkünfte. Und wenn es ihm beruflich paßt, zieht er zurück, niemand außer allenfalls dem Steuerbeamten fällt das auf.

Der heutige Bundesbürger ist also um eine Extremerfahrung gebracht, die vielen Menschen meiner Generation so unverlierbar ist wie eine schwere und abscheulich erkenntnisträchtige Krankheit. Dabei ist dieser Extremzustand nur für uns Bundesdeutsche ein historischer. Für andere ist er aktuellste Gegenwart und stellt ihnen genau die gleichen oder doch vergleichbare Aufgaben, wie er sie uns gestellt hat, wenn auch die praktischen Umstände verschieden sind.

Die Gesetzmäßigkeit des außerhalb der normalen Gesetze Gestellten ist ihrerseits eben eine feste Gesetzmäßigkeit. Es handelt sich um das Herausnehmen eines Menschen aus dem normalen Kontext seines Lebens, und zwar ein gewaltsames und unfreiwilliges Herausnehmen. Um eine Einordnung in eine Kategorie eigener Art, die auf keinen Fall wie die frühere, die seiner Umwelt sein wird. Er wird in eine Sonderposition gestoßen, zu dieser verurteilt, er ist auch für die andern als Sonderexistenz kenntlich. Hieraus ergeben sich alle Arten von Identifikationsproblemen, die jeweils nur von Fall zu Fall lösbar oder überbrückbar sind, und, solange der Zustand des

Exils andauert, immer nur approximativ, nie endgültig gelöst werden können.

Identifikation, das ist zunächst die des Exilierten mit seiner Rolle als Exilierter. Sodann die des Exilierten mit dem neuen Land oder den aufeinander folgenden Aufnahmeländern, die Einwandererländer sein können, wie z.B. die USA, oder auch nicht, wie etwa Frankreich, um nur zwei Extreme zu nennen (étranger, heißt es in Frankreich, fils d'étranger, petit fils d'étranger, Fremder, Sohn des Fremden, Enkel des Fremden). Und sodann die in Frage gestellte aber damit doch nicht ohne weiteres aufgehobene und ins Nichts zurückgekehrte Identifikation mit dem Ursprungsland, dem, was als Heimat heute einen solchen oder solchen Klang hat. »Die Welt ist eben trotz allem noch nicht unser Zuhause«, formulierte es ein Ex-Emigrant.

Es geht uns hier um die spezifische Exilerfahrung unserer Zeit, um das Exil in diesem Jahrhundert. In früheren Jahrhunderten war naturgemäß vieles anders. Wenn auch die Problematik grundsätzlich die gleiche war, so wurde sie nicht bis ins Äußerste erfahren. Dante genügte es, von Florenz nach Pisa zu gehen, der von Hitler Verfolgte wurde durch die Kontinente gejagt. Es kommt aber nicht nur die räumliche Dimension hinzu, sondern auch, daß es sich heute um vieltausendköpfige Gruppen handelt, die unfreiwillig ausgehoben, wenn nicht ausgerottet wurden, und für deren Restbestände, Emigrations- und besonders KZ-Überlebende, man nach dem Kriege das hübsche Wort ›DP = displaced persons‹ prägte.

Hier soll versucht werden, Verhaltensschemata d. h. Orientierungsweisen innerhalb einer gegebenen gesellschaftlichen Situation herauszuarbeiten, deren gesellschaftspolitische Ableitung als bekannt vorausgesetzt und auch jederzeit nachzulesen ist.

Um diese Situation vorsichtshalber abzugrenzen gegen jedes Mißverständnis: Die Situation des Exilierten oder Emigranten hat in nichts eine Ähnlichkeit mit der des Reisenden, wenn auch die Kulissen die gleichen sein mögen. Auch nicht mit der des geldlosen Reisenden, der per Autostopp reist. Und auch nicht mit den nur geduldeten Aufenthalten der Hippies auf den Kirchentreppen exotischer Länder. Selbst nicht mit der der Gastarbeiter.

Das Arbeitsmaterial, an das wir uns zu halten haben, sind hier die Erfahrungen der Exilierten selbst, die Schreiberin nicht ausgeschlossen. Oft hat man ja, und schon seit dem klassischen Altertum, sich an die Revenants gehalten, an die Wiederbelebten, Tote oder Scheintote, um zu wissen, wie es ›drüben‹ war. Das war nicht sonderlich ergebnisreich. Eine Geisterbeschwörung des aus dem Exil Zurückgekehrten ist sehr viel konkreter. Wer sich mit solchen Fragen weiter befassen wollte, und es ist, bis auf die allerletzte Zeit, merkwürdig wenig Grundsätzliches hierzu getan worden, müßte zunächst einmal unterscheiden zwischen den Menschen, die Erfahrungen naiv, als Schicksal, erleben, und denen, die das eigene Geschick relativieren und reflektieren. Die ersteren kommen nur als statistisches Material in Betracht, am besten würden sie per Tonband befragt.[1] Auf jeden Fall ist der Erfahrungshorizont, je nach der Altersgruppe, ein völlig verschiedener. In Einwanderungsländern haben sich die Kinder eingebürgert, haben also die Sondersituation wieder einigermaßen, wenn auch nicht immer ganz, für sich beseitigen können. Am hilflosesten war die ältere Generation, die ja heute schon dezimiert ist. Und die Intellektuellen waren, unter diesen, im Gegensatz zu dem, was man annehmen könnte, vielleicht sogar in einer besonders schwierigen Lage.[2] Das gilt natürlich nicht für besonders hochqualifizierte und erkenntnisfreudige Köpfe, die imstande sind, Gewöhnung und Erwartungshorizont gänzlich, oder fast gänzlich, auszulöschen und neu anzufangen.

---

1 Ähnlich wie es der amerikanische Soziologe Oscar Lewis mit den mexikanischen Slumbewohnern getan hat *(Los hijos de Sánchez, Die Kinder von Sánchez,* deutsch als Rowohlt Taschenbuch), Vorläufer der Erika Runge u. a.
2 Über die besondere Ungeeignetheit gerade der Intellektuellen, z. B. das KZ durchzustehen, hat sich Jean Améry im einzelnen wie auch grundsätzlich ausgesprochen.

Dann gibt es also meine Generation, diejenigen, die es als Studenten oder als Schüler sehr früh traf, in einem Alter erhöhter Bereitschaft zum Lernen, zur kritischen Beobachtung des eigenen Verhaltens wie des der Umwelt, und noch fluktuierender Erwartungshorizonte. Die Kritik der eigenen Basis ist in diesem Augenblick ohnehin gerade akut, man ist ungemein offen für andersgeartete Erfahrung. Hier ist ein Maximum an geistiger Elastizität von der Sache her – ohne besonderes Verdienst der Betreffenden – gegeben.

Bereits die interessenfreie Einschätzung der eigenen Situation, der Mangel an beruflichen Bindungen, erleichtert die Erkenntnis und die Umsetzung der Erkenntnis in die Praxis. So daß zum Beispiel ich Deutschland kurz vor der Machtübernahme verließ, während so bedeutende Gelehrte wie Arnold Bergsträsser, Karl Mannheim oder Alfred Weber mich für ›einfach überarbeitet‹ hielten. (»Was Sie sich vorstellen, das kann überhaupt nicht passieren. Hier nicht!«[3]) Ich machte dann durch, was ich die ›permanente Flucht‹ nannte und was die meisten von denen durchgemacht haben, die zunächst in Europa blieben – soweit es sie nicht doch erwischte. Nach vielen heiklen Ortswechseln, alle im Zeichen der Unfreiwilligkeit, bin ich seit dem Wintersemester 1960/61 wieder in Heidelberg, meiner alten Universitätsstadt, ansässig. Ich stelle fest, daß die Erfahrungen der Rückkehr weit stärker als die des Exils in mein Werk eingegangen sind, obwohl das nur eine Akzentfrage ist, insofern Rückkehr für mich eben ›Rückkehr aus dem Exil‹ bedeutete.

Hier komme ich zur ersten Ambivalenz. Dies ist eine Mitteilung von Ambivalenzen oder sogar Paradoxien, es ist der Versuch einer Klarlegung ›unklarer‹, gar nicht zu klärender Verhältnisse, in denen der Mensch immer ›auf der Kippe‹ ist. Die Aufgabe ist es, genau zu wissen, auf welcher Kippe man gerade ist.

---

3 Horkheimer bildete eine Ausnahme, während Adorno zunächst zu »überwintern« gedachte.

Rückkehr, sagte ich, sei Rückkehr aus dem Exil. Schon die Nomenclatur ist hier heikel. ›Exil‹, das ist ein schöneres Wort für Emigration. Als wir darin waren, redete keiner von Exilierten, wir waren Emigranten. Emigranten, das wären Auswanderer. Wir waren keine Auswanderer, obwohl wir doch ausgewandert waren. Auswanderer sind freiwillige Auswanderer, wir waren unfreiwillige Auswanderer. Es ist nicht wahr, daß wir zurückgehen konnten, obwohl einzelne es taten und dabei umkamen. ›Exil‹ ist ein eminent politischer Begriff. Diese Emigranten waren nun zwar zum Teil ›auch‹ politische Flüchtlinge, aber doch nur zum Teil, obwohl manche es gerne ganz sein wollten.

Vor allem aber, es gab eine größere Anzahl gerade Intellektueller, die sich überhaupt nicht unter diesen Begriff eingeordnet sehen wollten. Hier haben wir bereits die zweite Ambivalenz: Der Emigrierte oder auch Exilierte identifiziert sich nur mit äußerster Mühe mit seiner – doch objektiv definierbaren – Lage. Das ist mir wieder aufgefallen bei den tschechischen Emigranten. Wir lesen, daß Goldstücker (nicht er allein), »kein Emigrant« sein will und sich nicht als solcher betrachtet.[4] Das heißt, er sieht die Zustände in der Tschechoslowakei als vorübergehend an (und sei ›vorübergehend‹ die eigene Lebensspanne) und willigt nicht ein in die eigene Ausbürgerung, obwohl sie doch ein täglich gelebtes Faktum ist. Ich erinnere mich sehr genau, wie stark dieser Widerstand gegen das Akzeptieren der eigenen Situation war. (Das variiert natürlich beim einzelnen Betroffenen, je nach der Stärke, mit der er der Wirklichkeit Front macht.) Der nichtintellektuelle Emigrant hat vermutlich diese Widerstände gegen die Identifizierung mit der eigenen historisch-politischen Lage nicht, zumindest ist mir keiner der bürgerlichen Emigranten erinnerlich, der so ›überspannt‹ gewesen wäre. In andern Worten, es wird eine Pseudo-Freiwilligkeit hergestellt, und in gewissen Riten des täglichen Lebens

---

4 Das vorläufig letzte Beispiel der Chilene Altamirano, im Januar 74, in Havanna: »Ich bin nicht im Exil, ich bin bereit, nach Chile zurückzukehren.«

aufrechterhalten, die aber in jeder Krisensituation sich deutlich als Lebenslüge erweist. (Bestandteil einer solchen Lebenslüge wäre es zum Beispiel, wenn der Emigrant aufs krampfhafteste jede Art des Zusammenseins mit Schicksalsgenossen vermeidet, sich nicht dazu rechnet und von andern nicht dazu gerechnet werden möchte, ganz als sei er ein simpler Weltreisender, nur gerade ohne Geld, nur gerade ohne Paß, nur gerade ohne dies und das.) Im Augenblick der akuten politischen Krise, in der niemand so hilflos und so sehr nur Objekt und nicht mehr Mensch ist wie gerade der Emigrant, ist er aber angewiesen auf die Gruppenerfahrung, die durch nichts ersetzbar ist. Das ist dann, unvermeidlich, die ›Stunde der Wahrheit‹, la hora de la verdad. Umgekehrt war das Sichanklammern an einen Auswandererverband, die damit verbundene Herstellung einer Scheinwirklichkeit innerhalb einer nicht assimilierbaren, fremden Wirklichkeit, nur eine andere Art, die Neuorientierung aufzuschieben.

Noch heikler als die Identifikation mit der politisch-historischen Situation des Ausgestoßenen, Ausgebürgerten, Exilierten, Emigrierten, so oder so Entkommenen, ist die Schwierigkeit, sich wiederzuerkennen und sich zu identifizieren mit der spezifischen Brandmarkung, gerade im Falle des rassisch Verfolgten. Der politisch Verfolgte weiß wenigstens, warum. Er ist Partei, Mitglied der Partei, die unterlegen ist und ausradiert wird. Die Freund/Feind-Situation ist, zumindest als Ausgangssituation, eine freiwillige oder doch bejahte. Der rassisch Verfolgte ist im Vergleich dazu arm daran, zumindest soweit er keinerlei ausgesprochene Zugehörigkeit zu der ethnischen Gruppe empfunden hat, als deren Mitglied er plötzlich verfolgt und vor die Tür gesetzt und aller Rechte beraubt ist. Gerade bei den emanzipierten deutschen Juden war die Identifikation mit dem Deutschen vielfach stärker als mit dem Judentum. Und zwar keineswegs nur als Attitüde, es war eine Sache der Erziehung gewesen, viele gehörten auch der Religion nicht mehr an, die die Identifikation natürlich erleichtert. Es entstanden schizophrene Fälle falscher Identifikation mit dem Verfolger. Mir ist zum Beispiel ein Fall bekannt, wo eine in völliger Abgeschlossenheit lebende ältere jüdische Dame, unenergisch, verzärtelt, bürgerlich, wenn es je etwas Bürgerliches gab, Hitlers *Mein Kampf* las, sich überzeugte, Hitler habe recht, und sich konsequenterweise über ihrem Bett erhängt, bereits 1933. Eine Frau, die allgemein als lächerlich galt, weil sie Platzangst hatte und also nicht allein über die Straße zu gehen wagte, erhängte sich, wie eine Figur der antiken Tragödie (Modell: Jokaste). – Bekannt und viel belacht, wenn auch mit unbehaglichem Lachen, war der Fall jenes Institutsdirektors, der, ebenfalls bereits 1933, an Hitler das folgende Telegramm schickte: »Ich habe den Juden X abgesetzt. Heil Hitler. Gezeichnet X«.

Die entgegengesetzte Reaktion, die aber nur Gezählten zur Verfügung stand, orthodoxen Juden, war die, daß die ganze Emanzipation nur eine Täuschung gewesen war, daß es das Schicksal des Juden ist, im Goluth, in der Verbannung, in der Fremde zu leben und eben keinerlei Heimat zu haben. Die, die im Ernst zum Judentum zurückfanden, fanden darin einen Halt und Trost. Damals haben sich, um sich selbst die Identifikation zu erleichtern, also aus Gründen geistiger Hygiene, eine Anzahl getaufter Juden wie zum Beispiel Emil Ludwig, aber nicht er allein, wieder vom Christentum losgesagt, statt den (ohnehin zweifelhaften) Versuch zu unternehmen, der Verfolgung in Verkleidung zu entkommen. Ihm war wohler danach, natürlich, aber es ist mir nicht bekannt, daß ihm, außer dem Bewußtsein persönlicher Tapferkeit, daraus weitere Kraftquellen sich erschlossen hätten.

Am verbreitetsten, und wohl auch menschlich berechtigtsten, war die Identifikation mit dem ›wirklichen‹ Deutschland, das eben durch die repräsentiert wurde, die verfolgt und ausgestoßen waren.[5] Auf jeden Fall hat die Desorientierung,

---

5 Vgl. die Formulierung Horkheimers »...weil wir sagen, das, was deutsche Kultur heißt, ist zu der Zeit des Nationalsozialismus nicht in Deutschland, sondern bei uns aufgehoben«.

die aus den Identifikationsstörungen folgte, und die zu einer dauernden Revision und Infragestellung des eigenen Lebens zwang, die Wahrnehmung und Verarbeitung der Wirklichkeit sehr erschwert. Etwas Entsprechendes findet bei dem ›nur‹ (ich sage nur) politisch Verfolgten nicht statt. Ich selber habe sehr eng mit spanischen Republikanern zusammengelebt. Was auch immer für Schwierigkeiten da waren, diese waren es nicht. Niemand sprach ihnen ja das Recht ab, Spanier zu sein.

Paradox war, für die Betroffenen, daß sie vielfach, ja was die Intellektuellen angeht, wohl generell als Botschafter deutschen Geistes betrachtet wurden und durch ihre Qualifikation geradezu als Reklame für das wirkten, was ihnen abgesprochen wurde. Das ist z. B. den Wissenschaftlern in Lateinamerika ganz unvermeidlich so ergangen.

Ihr Deutschen, so pünktlich, so gewissenhaft. Nie habe ich das Paradox stärker empfunden, als bei unserer Freundschaft mit dem Staatsfeind Nr. 1 in der Dominikanischen Republik, einem alten Historiker, dessen Besuch den spanischen Wissenschaftlern und auch uns vom Vizerektor verboten wurde. Die spanischen Republikaner fügten sich. Wir nicht. »Der Deutsche läßt sich nichts sagen«, war die Reaktion an der Universität. Und das in einem Augenblick, in dem gerade die Deutschen sich alles sagen ließen. Man ließ es dem Deutschen hingehen, man gewöhnte sich daran, daß der Deutsche sich nichts befehlen ließ. Man schickte vielleicht den Polizeiwagen oder einen Wagen mit Militär hinterher, wenn wir mit Gästen aus dem Ausland den Staatsfeind besuchten. Aber nichts ist uns passiert, weil die Achtung vor den Deutschen (Hitler ist ein ›Haupthahn‹) so groß war.

In dies Kapitel gehört auch die Verbreitung der deutschen Wissenschaft und Literatur durch die Emigranten, wie, umgekehrt, die Einbürgerung der Dichtung aller Sprachen durch sie, etwas, was zu Kriegsende, und als wieder gedruckt wurde, plötzlich wirksam wurde. (Zur Wiederanknüpfung der abgerissenen Fäden mit der Außenwelt haben, nolens wie auch volens, die emigrierten deutschen Intellektuellen ganz wesentlich beigetragen.)

Besonders paradox war wiederum die Lage der Schriftsteller, deren Habitat doch die deutsche Sprache war. Wissenschaft läßt sich allenfalls in der Übersetzung mitteilen, wobei insofern umgelernt werden muß, als das, was vorausgesetzt und das, was erst abgeleitet werden muß, die sogenannte ›Wissenspyramide‹, in jeder Wissenstradition verschieden ist. Das dürfte immer noch gelten, wenn auch ein Angleichungsprozeß im Gange ist. Davon abgesehen, ist schon der intime Umgang mit den Abstracta, den wir im Deutschen pflegen, schwer zu übertragen, fehlt zum Beispiel bei Spaniern und Italienern. Deutsche Begriffe führten vielfach zu Neubildungen (mundividencia = Weltanschauung) oder wurden einfach eingebürgert (hinterland).

Für die Schriftsteller aber, auch für die, die übersetzt wurden, und das waren wenige, blieb Übersetzung ein Notbehelf. Da nun merkwürdiger- und vielleicht auch durchaus nicht merkwürdigerweise gerade die Verfolgten und Ausgebürgerten so stark zur deutschen Nachkriegslyrik beigetragen haben, möchte ich hier kurz die Beschreibung der Situation zitieren, wie ich sie in dem OFFENEN BRIEF AN NELLY SACHS, anläßlich ihres 75. Geburtstags, 1966 formuliert habe. (›Situation‹ ist hier mein meist benutztes Wort, es ist ja gerade diese Lage, in die der Mensch gebracht wird und aus der sich die Problematik ergibt, die gelebt aber nicht gelöst werden kann.)

»Da wird einer verstoßen und verfolgt, ausgeschlossen von einer Gemeinschaft, und in der Verzweiflung ergreift er das Wort und erneuert es, macht das Wort lebendig, das Wort, das zugleich das seine ist und das der Verfolger. Der vor dem Rassenhaß Flüchtende ist nur der Unglücklichste, der am meisten Verneinte unter den Exildichtern überhaupt. Und während er noch flieht und verfolgt wird, vielleicht sogar umgebracht, rüstet sich sein Wort schon für den Rückweg, um einzuziehen in das Lebenszentrum der Verfolger, ihre Sprache. Und so erwirbt er ein unverlierbares Bürgerrecht, als wenn er friedlich hätte zu Hause bleiben dürfen und vielleicht sein Wort nicht die Kraft einer äußersten Erfahrung hätte, die es so stark macht (oder auch gar nicht erst entstanden wäre). Und er kann nicht anders als die Sprache lieben, durch die er lebt und die ihm Leben gibt. In der ihm doch sein Leben beschädigt wurde... Wenn daher alle Dichter das Paradox leben (schon in der zunehmenden Unvereinbarkeit des Innen und des Außen, und auf viele Weisen), so leben die deutschen Dichter jüdischen Schicksals, um sie so zu nennen, in diesem historischen Augenblick, es eben um einige – unwägbare – Grade härter.«

Ein weiteres Paradox, das eher noch paradoxer anmutet, ist, daß die Brandmarkung, die die Emanzipation rückgängig zu machen bestimmt war, in sicher nicht wenigen Fällen diese Emanzipation weit stärker vorangetrieben hat als es unter normalen Umständen der Fall gewesen wäre. Der aus dem normalen Zusammenhang Herausgenommene verlor ja nicht nur die gewohnte Umgebung, er verlor auch die Familie im weiteren Sinne, die sogenannte Großfamilie, die ohnehin immer mehr schwindet, die es aber in den 30er Jahren durchaus noch gab. Wie durch Zauberstab verschwanden Onkel, Tanten, Vettern, die Freunde der Eltern, kurz das gesamte deutsch-jüdische Milieu, Freunde wurden ihm nicht mehr durch Nachbarn, Familie, Clubs und dergleichen gesellschaftliche Institutionen angeboten, er befreundete sich nach Zufall und Sympathie, wie es gerade traf. Wenn er jung war und die fremde Sprache gut lernte, naturgemäß mit den Altersgenossen des Gastlandes. Er, ein deutsch-jüdischer Emigrant, hatte weniger als je mit Jüdischem Kontakt, insoweit er nicht zur Zahl derer gehörte, die durch die aufgezwungene Etikettierung wieder zum Judentum zurückgebracht wurden. (Statistiken, die diese Gruppen aufschlüsseln würden, gibt es meines Wissens nicht.)

Nicht weniger merkwürdig war die Beziehung zum Gastland. Denn dieser Fremde war ja schon dadurch aus dem normalen Leben der anderen ausgeschlossen, daß er geduldet war, eine jederzeit widerrufbare Duldung. Diese Duldung bestand in der Aufenthaltserlaubnis, die oft zeitlich begrenzt war, immer aber kündbar. Sie bestand ferner in der bewilligten oder beschränkt bewilligten Arbeitserlaubnis. Der Entzug der Arbeitserlaubnis zwang in vielen Fällen zur Weiterwanderung in ein Land, in dem der Exilierte erwünschter war. Die fortgesetzte Weiterwanderung, sei es aus ökonomischem oder politischem Zwang, hatte fortschreitende Verarmung und fortschreitende Hilflosigkeit, und damit auch fortschreitende Familienkrisen zur Folge. Die fortschreitende Verarmung wiederum machte die Weiterwanderung zunehmend schwieriger, weil finanzielle Garantien dafür verlangt wurden, daß der Verfolgte nicht der öffentlichen Hand zur Last fallen werde. Die Schweizer Polizei ließ aus diesem Grunde das J in den Paß einführen, da wußte sie doch gleich, wer der Hilfe besonders bedürftig war. Der war gekennzeichnet. Dem durfte nicht geholfen werden. Es ergaben sich die groteskesten Situationen, in denen die Menschen zu den Puppen absurder Bestimmungen wurden. Ich erinnere mich an die Ausreise aus England. Wer eine Mindestsumme in einem Einreiseland in Übersee hatte, konnte das Visum haben. Wer das Visum hatte, konnte die Ausreisebewilligung erhalten. Wer die Ausreisebewilligung hatte, bekam die Erlaubnis zu einem kleineren Geldtransfer. Wer aber den kleineren Geldtransfer nicht vorher hatte, den er erst am Ende der Prozeduren bekommen konnte, der bekam nicht das Visum, der bekam nicht die Ausreise, wie sollte er da Geld im Ausland vorweisen, selbst wenn, im Glücksfall, einer da war, der ihm mit etwas Geld heraushelfen wollte.

Das klingt heute und hier komisch und ist es ja auch. Das war es aber keineswegs für den, der gestern noch für das Gastland ein ›refugee from Nazi oppression‹, ein Flüchtling vor Naziverfolgung war, und morgen schon als mögliches Mitglied einer ›5. Kolonne‹ eingesperrt werden konnte. Und vorsichtshalber auf jeden Fall verhaftet und in ein Lager gebracht wurde. Denn der Verfolgte, sei es der politisch oder der rassisch Verfolgte, ist immer abhängig davon, wie das Gastland zum feindlichen Mutterland gerade steht. In jeder politischen Krise, und an politischen Krisen waren die 30er Jahre reich, wird das akut. Ist das Gastland mit dem Mutterland des Emigranten verfeindet, so wird, in den kritischen Augenblicken, der Emigrant zum Angehörigen des Feindlandes, also zum potentiellen Verräter. Ihm liegt die Beweislast ob, daß er in jedem Augenblick loyal zum Gastland ist. Er wird überwacht, ihm wird mißtraut. Wo er hinkommt, schweigen die Leute plötzlich und sagen: »Vorsicht, er ist keiner von uns.« (Für die engeren Freunde gilt das nicht oder doch weniger.) Ist aber das Gastland mit dem feindlichen Mutterland alliiert, dann ist der Staatsfeind eines Landes auch dem Gastland verdächtig. Dann ist er möglicherweise ein übles Element, dann wird er auf Verlangen eingelocht, ausgewiesen und im ärgsten der Fälle kann er sogar ausgeliefert werden. Deshalb braucht er dauernd wohlbeleumundete Bürger, die für ihn vor den Behörden geradestehen. (Das kann der Fremde überall brauchen. Der Emigrant braucht es dringender, es ist lebenswichtig für ihn.) Diese Pariasituation bringt es mit sich, daß der Emigrant immer gutwillig der Schwächere sein muß, immer gutwillig ›den kürzeren‹ zu ziehen hat. Er muß, wie jeder Paria, das Vielfache leisten, um überhaupt existieren zu können. Und die Mindestgarantien, die Mindestsicherheiten, die jeder hat, auf die kann er nicht zählen.

Ein Erfahrungssatz, wenn auch ein ganz und gar irrationaler, ist dabei, daß der Staatenlose noch ärmer daran ist als der, der sein Mutterland zum Feind und Verfolger hat. Der Staatenlose, also auch der Ausgebürgerte, kurz der Paßlose, ist überhaupt niemand, mit ihm wird der allerkürzeste Prozeß gemacht.[6] Er wird fristlos ausgewiesen, wo andere

---

6 Kürzlich ging eine Notiz durch die Zeitungen (*Rhein-Neckar-Zeitung*, 5.4.73): WASCHBÄREN GEHT ES AN DEN KRAGEN. RÜCKSICHTSLOSE NACHSTELLUNG EMPFOHLEN. Unter dieser Überschrift war zu lesen: »Er ist ein Fremdling unter dem freilebenden Wild unserer Wälder... Der Waschbär ist damit Freiwild und jedermann auf Gnade und Ungnade ausgeliefert... Es bleibt unver-

Wochen oder Monate sich vor dem nächsten Schritt rüsten und ängstigen können. (Das ist eine Erfahrungstatsache. Sehr interessierte mich, in diesem Sinne, als ein Architekt mir 1954 ein von ihm wiederaufgebautes Gebäude im Zentrum Frankfurts zeigte, irgendein Sozialamt. Da gab es besondere Schalter für Ortsansässige, Ortsfremde und ›heimatlose Ausländer‹. Wenn ich mich recht entsinne, konnte man mit den letzteren überhaupt nur noch durch die geschlossene Glasscheibe verhandeln, so wie jetzt die Kassierer in den Banken mit dem Publikum.)

Daß für den Menschen, der sich immer und in jeder Krise neu beweisen muß, ein solcher Zustand dem normalen ›Sicheinleben‹ im Wege steht, das braucht wohl kaum bewiesen zu werden. Immer wieder wird er auf seine Sonder- und Gnadenrolle zurückgestoßen, ähnlich wie andere Parias auch. (Vermutlich der Ex-Zuchthaushäftling, in manchen Berufen die dennoch zugelassene Frau, etc. etc.) Die Identifikation mit dem neuen Land bedarf gewisser stabiler Verhältnisse, als erste Voraussetzung. In aufgeregten politischen Zeiten, wie es die 30er Jahre waren, war diese Voraussetzung nicht gegeben.

So fühlt sich der Exilierte unentwegt als eine Art Prüfstein, an dem andere versagen können. Seien es die neuen Freunde des Gastlandes, die ihn vor ihren Autoritäten und Ämtern unterstützen oder sich drücken. Seien es die alten Freunde des Mutterlandes, die angereist kommen und ihm aus dem Wege gehen. (Und denen er aus dem Wege gehen muß, falls sie ihn aufsuchen, insofern er sie nicht schädigen will.) Auch die Familie im engsten Sinne ist aufs schwerste strapaziert. Das Generationenproblem wird dadurch verschärft, daß die ältere Generation zunächst einmal die Sprache nicht so

ständlich, daß er nicht ebenso wie der auch als Raubzeug eingestufte Fuchs in Baden-Württemberg als jagdbares Tier ohne Schonzeit eingestuft wurde, was wenigstens die Garantie gäbe, daß er nur waidgerecht zur Strecke gebracht werden könnte.« »Haben Sie das über den Waschbären gelesen?« fragte ich einen jungen Mann. »Er stört unsere Ökologie«, war die Antwort. Das kam mir bekannt vor, nur zwei Buchstaben waren anders: die Ökonomie verkraftete den Zuwanderer nicht.

gut beherrscht wie die im fremden Land aufgewachsenen Kinder. Und daß sie, wie sie es auch anstellt, eine relativ hohe Anzahl von Mißerfolgen und Blamagen, offenkundige Hilflosigkeiten, einzustecken hat, die der Bewunderung abträglich sind. Das gleiche gilt auch für die Ehepartner. Ehen verwandeln sich in Kampf- und Trutzgemeinschaften, oder sie werden geschieden. Die Versuchung, wegzuheiraten aus der Misere, einzuheiraten in ein Normalleben, ist für beide Partner gegeben, wo das Zusammenleben nicht außerordentlich eng ist. Praktisch dürfte die Opferbereitschaft und die Flucht in eine unbedingte gegenseitige Hilfsbereitschaft aber das Häufigere gewesen sein. Ich weiß nicht, ob es Statistiken gibt. Wiederum hängen diese Entwicklungen von Zufall und Gelegenheit ab. An sich ist der Paria nirgends ein besonders gesuchter Partner.

In den Krisensituationen erweist sich übrigens auch die Unwahrhaftigkeit des willkürlich vom Staat zum öffentlichen Sündenbock abgestempelten Pariatums. Ich erinnere mich, wie während einer der vielen Krisen der späten 30er Jahre ein deutscher Konsularbeamter zu einer Jüdin, die um einen Paß nachsuchte, auf herzlichste sagte: »Was soll der Unsinn, kommen Sie nach Hause, jetzt gibt es Krieg, und wir sind doch alle Deutsche.« Buchstäblich. (Der und jener kannte, einen Augenblick lang, ›nur noch Deutsche‹.) Vergleichbar ist das Folgende: Der Leiter der – kleinen – Nazigruppe in der Dominikanischen Republik, soeben dort frisch importiert, kam am Weihnachtsabend zu einem jüdischen Malerehepaar aus Stuttgart mit der Bitte: »Darf ich bei Ihnen Weihnachten verbringen, ich habe solches Heimweh.« Gewiß, sie hatten eine geschmückte Kiefer – Tannen gibt es dort nicht – und auch Weihnachtsgebäck. Sie wußten nicht, ob sie lachen oder weinen sollten. Das war schon 1940.

Zu nennen wären auch die Hilfsorganisationen der Emigranten selbst, die mit wahrhaft deutscher Gründlichkeit für ein gutes Mimikri sorgten, als ob das in Krisensituationen eine Hilfe gewesen wäre. »Fallen Sie nicht auf, auf der Straße. Reden Sie in leisem Ton wie die Engländer selbst. Nur englisch, auch untereinander. Tragen Sie den Regenschirm bei jedem Wetter, mit der Spitze nach vorn, wie es hier üblich ist. Fragen Sie nie, wie es am Tage vorher war. Stellen Sie sich nie zuerst vor. Machen Sie, wo Sie neu sind, keinen Antrittsbesuch, ehe man Ihnen ein Zeichen gibt, daß man mit Ihnen verkehren will«, etc. etc.

All dies wäre noch zum Thema ›Identifikationsschwierigkeiten‹ nachzutragen.

Von praktischen Schwierigkeiten wurden bereits die Aufenthaltserlaubnis und die Arbeitserlaubnis oder die bedingte Arbeitserlaubnis erwähnt. Ich erwähnte auch bereits das Papier, das wichtiger war als die Gesundheit und alles andere, sogar als Geld, obwohl Geld etwas schützt – danach erst Sprachkenntnis –, und dessen Bedeutung sich ein Bürger der Bundesrepublik nicht ausmalen kann. Das Reisepapier, das man hat oder nicht hat, da sein normales oder ein bereits gekennzeichnetes Papier zweiter oder dritter Klasse ist, ist oft unmittelbarer Selbstmordanlaß. Um so mehr, als Staatsverträge die plötzliche Ausweisung von Emigranten beinhalten können, sie praktisch auch beinhaltet haben. Wer je mit einem gekennzeichneten Paß an einer Grenze abgewiesen wurde, wer je versucht hat, illegitim über eine Grenze zu gehen, die ihm versperrt, aber allen andern offen war, der hat Mühe, sich heute vorzustellen, daß er es selber war, dem das passiert ist.

Ich bezweifle, daß diese Erfahrungen, in all ihrer Komplexität, sich übermitteln lassen. Ostflüchtlinge werden sich sofort die Lage vergegenwärtigen, auch wenn bei ihnen meist ein größerer Entscheidungsspielraum, also mehr Freiwilligkeit, da ist.

Hiermit komme ich zur letzten Identifikationshürde, zur politischen. Wenn ich hier nun nicht die deutsche Emigration, sondern wegen ihrer größeren Eindeutigkeit, die spanische zum Demonstrationsobjekt mache, so war eines deutlich festzustellen: Kaum hatten die Menschen ihren eigenen Wirkungsbereich hinter sich, so zeigten sie eine gewisse Gleichgültigkeit gegenüber den politischen Problemen des Gastlandes, das Interesse konzentrierte sich auf das eigene Überleben, wie es vielleicht auch natürlich ist. Selbst der sehr politisierte Mensch empfindet – in der ›Stunde der Wahrheit‹, die nicht die Stunde der Agitation oder der Rhetorik ist – für das fremde Land keineswegs die Verantwortung wie für die Zustände daheim. Soweit er sich einmischte, wurde er ja auch ausgewiesen und gefährdete die ganze Gruppe seiner Leidensgefährten. Der Exilierte ist aus dem Rennen genommen. Hoffnung und Angst beziehen sich weiter auf das eigene Land. Es ist unnütz, etwas hierfür oder hiergegen zu sagen, bisher war dies eine Erfahrungstatsache.

So haben zum Beispiel in Hispanoamerika die Spanier der sogenannten ›alten Kolonie‹, die sich ohne weiteres Franco anschlossen, wie die Auslandsdeutschen sich fast automatisch Hitler anschlossen, sich mit den spanischen Republikanern aufs beste vertragen. Die Neuankömmlinge heirateten in die Familien der Ansässigen ein, beide waren vor allem Spanier. Im fremden Lande wurde der Kampf nicht fortgesetzt.

Das heißt nun nicht, daß nicht einzelne Sozialdemokraten, wie z. B. die Familie Bonhoeffer/Leibholz in England, sofort engen und auch innigen Kontakt mit der dortigen evangelischen Kirche hatten. In den verschiedenen Stationen und je nach dem politischen Rang des Einzelnen gab es Abstufungen. Mir ist jedoch kein Fall bekannt, wo ein Emigrant in einem Gastland eine führende politische Position bezogen hätte, anders als im Hinblick auf sein Mutterland, wie z. B. Thomas Mann bei Roosevelt.

Soweit emigrierte (oder auch exilierte) Deutsche auf die Entwicklung in den Gastländern einwirken konnten, waren es gewiß nicht die politischen Emigranten. Es waren die Psychoanalytiker, die Soziologen, die Philosophen, auch die Kunsthistoriker, die aus dem Bewußtseinsprozeß der Gastländer nicht mehr wegzudenken sind. Von keinem einzigen Politiker ließe sich ein gleiches behaupten.

Kurz, ich glaube, gezeigt zu haben, daß der Zustand des Exilierten der einer kontinuierlichen Identifikationskrise ist, die ihren letzten und absurdesten Ausdruck in dem stehenden und ›todernst‹ gemeinten Ausspruch so vieler Exilierter hat: »Hier möchte ich nicht begraben sein.« Die letzte Weigerung, auf dem fremden Boden endgültig zu bleiben, die äußerste Nicht-Identifikation.

Ich komme auf den Ausgangspunkt zurück: Das Exil ist die Extremerfahrung der conditio humana. Das ›Nur-ein-flüchtiger-Gast-sein‹, ›Haben-als-hätten-wir-nicht‹, hat alle Metaphorik abgestreift, und wird täglich, und für jedermann sichtbar, am Exilierten vollstreckt.

Nachweis

MEIN VATER. WIE ICH IHN ERINNERE. In: *Die Väter*, hrsg. von Peter Härtling, Frankfurt am Main 1968 (S. Fischer)

ICH SCHREIBE, WEIL ICH SCHREIBE. In: *Motive*, hrsg. von Richard Salis, Tübingen 1971 (Erdmann)

UNTER AKROBATEN UND VÖGELN. In: *Besondere Kennzeichen*, hrsg. von Karl Ude, München 1964 (List)

ERSTE BEGEGNUNG MIT MEINEM VERLEGER. In: *Begegnungen*, Berlin 1965/1966 (Elwert und Meurer)

BÜCHER-»GRILLEN«. In: *Merkur*, August 1964

DIE ANDALUSISCHE KATZE. Eremitenpresse 1971 (vergriffen). Zuerst in ›Unsere heitere Geschichte‹, Nr. II, *FAZ*, 14.1.61

»UND KEINE KOCHBANANEN MEHR«. In: *1945. Ein Jahr in Dichtung und Bericht*, hrsg. von Hans Rauschning, Frankfurt am Main 1965 (Fischer Bücherei)

DIE INSEL UND DER EINOHRIGE KATER. In: *Dichter erzählen Kindern*, hrsg. von Gertraud Middelhauve, Köln 1966 (Titel: BERICHT VON EINER INSEL)

RÜCKWANDERUNG. In: *Hier*, Frankfurt am Main 1964 (S. Fischer)

HILDE DOMIN INTERVIEWT HEINRICH HEINE 1972 IN HEIDELBERG. In: *Geständnisse. Heine im Bewußtsein heutiger Autoren*, hrsg. von Wilhelm Gössmann, Düsseldorf 1972 (Droste)

R. A. BAUER INTERVIEWT HILDE DOMIN 1972 IN HEIDELBERG. (Tagespresse etc.) 1972

10 ERPROBTE MITTEL ZUR VERHINDERUNG DES FORTSCHRITTS... In: *Schaden spenden*, Stierstadt/Ts., 1972 (Eremitenpresse)

POSTULAT. In: *Ich will Dich*, München 1970 (Piper). Seit 1992: S. Fischer

BEI DER ENTGEGENNAHME DES DROSTE-PREISES IN MEERSBURG. Gehalten in Meersburg 1971. Teilabdruck *Stuttgarter Zeitung*

OFFENER BRIEF AN NELLY SACHS. In: *Nelly Sachs zu Ehren. Zum 75. Geburtstag am 10. Dezember 1966*, Frankfurt am Main 1966 (Suhrkamp)

EXILERFAHRUNGEN. Erwuchs aus einem Vortrag plus Diskussion im politologischen Seminar der Universität Mannheim, 1969. Gesprochen im Hessischen Rundfunk (Neufassung)

Hilde Domin im S. Fischer Verlag

Lyrik

»Federnde Präzision und maskenabreißender Wille
zum Lied für eine bessere Welt.«
Robert Minder

Nur eine Rose als Stütze
1959, 38. Tsd. 2004

Rückkehr der Schiffe
1962, 15. Tsd. 1993

Hier
1964, 15. Tsd. 1995

Ich will dich
1970, 14. Tsd. 1998

Gesammelte Gedichte
1952–1987
1987, 26. Tsd. 2004

Der Baum blüht trotzdem
13.–15. Tsd. 2004

Hilde Domin im S. Fischer Verlag

Prosa

Gesammelte autobiographische Schriften
Fast ein Lebenslauf
5. Tsd. 1997. Leinen

Gesammelte Essays
Heimat in der Sprache
4. Tsd. 1993. Leinen

Zu ihrem 80. Geburtstag
hat Hilde Domin ihre autobiographischen Schriften und
ihre Essays neu zusammengestellt und gegenüber
früheren Ausgaben erheblich erweitert.
Diese beiden Bände bieten
einen vollständigen Blick auf Leben und Denken
einer Autorin, die eine engagierte Zeugin
dieses Jahrhunderts ist.

Hilde Domin im Fischer Taschenbuch Verlag

Lyrik

Nur eine Rose als Stütze
38. – 45. Tsd. 2005
Band 12207

Rückkehr der Schiffe
10. – 13. Tsd. 2003
Band 12208

Hier
17. – 20. Tsd. 2004
Band 12206

Ich will dich
12. – 15. Tsd. 2001
Band 12209

»Am ehesten überlebt, was Nachkommen
und Geschlechtern die Vergangenheit fast handgreiflich
nahebringt. Ich denke, daß unsere Urenkel in Hilde Domins
Werken die Botschaft einer wunderbar schöpferischen und
abscheulich zerstörerischen Epoche finden werden,
in der man es oft nötig hatte, nach einem Halt zu suchen
und ›eine Rose als Stütze‹ zu wählen.«
Manès Sperber

Hilde Domin im Fischer Taschenbuch Verlag

Prosa

Von der Natur nicht vorgesehen
Autobiographisches
4. Aufl., 21. Tsd. 1988. Serie Piper
Neuausgabe. 9.–10. Tsd. 2005. Fischer Taschenbuch Verlag
Band 12203

»Ein außergewöhnliches Opus,
so aufrichtig wie aufschlußreich.«
Marcel Reich-Ranicki

Gesammelte Autobiographische Schriften
Fast ein Lebenslauf
6.–8. Tsd. 2005. Fischer Taschenbuch Verlag
Band 14071

Aber die Hoffnung
Autobiographisches aus und über Deutschland
5. Aufl., 15. Tsd. 1987. Serie Piper
Neuausgabe. 7.–9. Tsd. 2004. Fischer Taschenbuch Verlag
Band 12202

»Dies Buch ist ein überzeugender Beitrag
zum Widerstand: Gegen die Gewöhnung an Leid
und Unrecht.«
ORF

Hilde Domin im Fischer Taschenbuch Verlag

Prosa

Das zweite Paradies
Roman in Segmenten
Originalausgabe. 8. Tsd. 1986. Piper Verlag
Neuausgabe. 9. – 11. Tsd. 2004. Fischer Taschenbuch Verlag
Band 12201

»Hilde Domins *Das zweite Paradies*
ist für mich eines der wenigen Bücher, in dem
die Verknüpfung der Themen Liebe und
Heimat überzeugend gelingt.«
Uwe Prell, L'80 – 1986

Wozu Lyrik heute
Dichtung und Leser in der gesteuerten Gesellschaft
5. Aufl., 20. Tsd. 1988. Serie Piper
Neuausgabe. 6. – 7. Tsd. 2005. Fischer Taschenbuch Verlag
Band 12204

»Gewichtige Argumente, mit denen man
all jenen begegnen kann, die dafür plädieren,
der Kunst den Abschied zu geben.«
WDR

Das Gedicht als Augenblick von Freiheit
Frankfurter Poetik-Vorlesungen 1987 / 88
Serie Piper
Neuausgabe. 8. – 9. Tsd. 2005
Fischer Taschenbuch Verlag
Band 12205

Hilde Domin im Fischer Taschenbuch Verlag

Editionen

Doppelinterpretationen
Das zeitgenössische Gedicht
zwischen Autor und Leser
1966, 80. – 81. Tsd. 2005
Band 1060

Nachkrieg und Unfrieden
Gedichte als Index 1945 – 1995
Erweiterte Neuausgabe 1995
Band 12526
Hrsg. von Hilde Domin und Clemens Greve
Nachwort von Hilde Domin:
Das politische Gedicht und die Öffentlichkeit
5. – 6. Tsd. 1998

»Hilde Domin hat ein unfehlbares Flair,
wieweit Sprache – deutsche Sprache – heute trägt.«
Joachim Günther

Materialien zu Hilde Domin

Vokabular der Erinnerungen
Zum Werk von Hilde Domin
Hrsg. von Bettina von Wangenheim
Aktualisierte Neuausgabe 1998
von Ilseluise Metz
Band 13479
4. – 5. Tsd. 2004